*Über dieses Buch* Lily Braun, die sich als Tochter des preußischen Generals von Kretschman in den Jahren des Wilhelminischen Kaiserreiches für die Ideen der deutschen Sozialdemokratie entschied, forderte als Rednerin und Schriftstellerin leidenschaftlich die Gleichberechtigung der arbeitenden Frauen und Mütter. Nach ihrer Jugend in der Adelswelt lernte sie die Not der Arbeiter kennen und fühlte sich zur Parteinahme herausgefordert. Friedrich Engels, August Bebel und viele bedeutende Persönlichkeiten ihres Zeitalters sind ihr begegnet. Ihrer Entscheidung für die sozial Unterprivilegierten blieb sie treu, wenn ihr auch Enttäuschungen nicht erspart blieben. Lily Brauns Wirken und ihre Bedeutung einer neuen Lesergeneration nahezubringen, ist der Sinn dieser Lebensbeschreibung.

*Der Autor* Dieter Borkowski fühlte sich frühzeitig von den Schriften der aus dem preußischen Adel stammenden Publizistin Lily Braun angeregt. Als junger Kriegsheimkehrer und Student schien ihm der Entschluß Lily von Kretschmans, mit der Adelswelt zu brechen und sich für die sozialistische Utopie einzusetzen, vorbildlich. Während seiner Studienjahre in Berlin entschied er sich für das sozialistische Experiment in der DDR. Nach Jahren politischer Verfolgung und Haftstrafen lebt Borkowski seit 1973 in der Bundesrepublik. Im Fischer Taschenbuch Verlag erschienen: ›Wer weiß, ob wir uns wiedersehen. Eine Berliner Jugend‹ (Band 3479); ›Für jeden kommt der Tag … Stationen einer Jugend in der DDR‹ (Band 3496); ›In der Heimat, da gibt's ein Wiedersehn. Erlebtes und Erfahrenes 1955–1972‹ (Band 4307).

Dieter Borkowski

# Rebellin gegen Preußen

## Das Leben der Lily Braun

Fischer Taschenbuch Verlag

Lektorat: Ingeborg Mues

Originalausgabe
Veröffentlicht im Fischer Taschenbuch Verlag GmbH,
Frankfurt am Main, November 1984

Umschlagentwurf: Susanne Berner
Gesamtherstellung: Clausen & Bosse, Leck
Printed in Germany
980-ISBN-3-596-23731-9

# Inhalt

# Vorbemerkung

Die Frau, deren Geschichte dieses Buch erzählt, war um die Jahrhundertwende berühmt. In »gut bürgerlichen Häusern« galt sie, wenn man von Politik, von der »sozialen Frage« oder der »Frauenfrage« sprach, geradezu als eine »femme fatale«. War sie für manchen Zeitgenossen eine berüchtigte Skandaleuse oder gar eine politische Hysterikerin, so las die junge Generation nach dem Ersten Weltkrieg mit Interesse ihre »Memoiren einer Sozialistin«, die umfassend, in zwei stattlichen Bänden, über ihr Leben, ihr Engagement für Frauenemanzipation, wirtschaftliche und politische Gleichberechtigung, ihren Einsatz für einen humanen und demokratischen Sozialismus Auskunft gaben. Ihr literarisches Werk – kulturhistorische Romane und Dramen – ist heute vergessen. Anders steht es mit ihren sozialpolitischen Schriften. Sie waren schon zur Zeit der Entstehung zwar nicht geeignet, ein breiteres Lesepublikum zu erreichen, aber in der politischen Arena, in den Auseinandersetzungen zur Sozialpolitik, besonders bei all jenen, die sich für eine Lösung der Frauenfrage, für die längst fällige Gleichberechtigung der Frauen in Politik, Wirtschaft und Kultur einsetzten, galt Lily Brauns Publizistik viel. Ihr umfangreiches, auf reichhaltigem Archivmaterial und gründlichen Studien basierendes Buch »Die Frauenfrage« darf noch heute, achtzig Jahre nach seinem Erscheinen, als hervorragende geschichtliche und ökonomische Untersuchung zum Thema gelten und wurde aus diesem Grund vor wenigen Jahren wieder aufgelegt.

Fernab von nostalgischem Denken, einem schwärmerischen Rückblick auf die sogenannte gute, alte Zeit, geht es uns darum, die Geschichte einer nicht angepaßten, mutigen und engagierten Frau zu erzählen, die sich in schwierigen Situationen ihres Lebens ungewöhnlich und unkonventionell verhielt. Als junge Frau von fünfundzwanzig Jahren brach die Tochter eines preußischen Generals plötzlich (für ihre Angehörigen gänzlich unverständlich) aus ihrer feudalen

Kaste aus. Sie, die nach dem Urteil ihrer Freunde und Verwandten eine schöne, kultivierte und gebildete Frau war, mit den »besten Chancen« für eine glückliche Ehe innerhalb der herrschenden Kreise, verzichtete auf eine gesicherte Zukunft mit einem Repräsentanten des Kaiserreiches, studierte die gesellschaftskritischen Publikationen sozialpolitischer Autoren, entschied sich für den von der Wilhelminischen Gesellschaft verachteten und verfolgten Sozialismus und trat als engagierte Rednerin und Publizistin in die Arena des öffentlichen Kampfes.

Lily von Kretschman, die Tochter des Generals Hans von Kretschman, begann einen leidenschaftlichen Kampf gegen den Militärstaat Wilhelms II., brach mit dem Dünkel und der Anmaßung der konservativen Adelsschicht und wurde eine Vorkämpferin für die wirtschaftliche und politische Gleichberechtigung der Frauen, besonders jedoch der Arbeiterinnen. So war es nur konsequent, daß sie Sozialdemokratin wurde und auch für die humane Zielsetzung der jungen Arbeiterbewegung den Kampf »an der Basis« führte. Als Rednerin und Publizistin spielte sie weit über Emanzipationsbestrebungen hinaus eine bedeutende Rolle.

Ihre leidenschaftliche Ehrlichkeit, ihr Mut, ihre Entscheidungsfreudigkeit, für das als richtig erkannte Ziel ihre Kraft einzusetzen und selbst den Bruch mit den sie prägenden Mächten, den »tonangebenden Kreisen« ihrer Zeit, zu vollziehen,sind beispielhaft. Lily Braun, die 1916, erst einundfünzigjährig, in Berlin starb, gehört zu dem Typ von Kämpferinnen, die zu allen Zeiten beachtet, bewundert, gehaßt oder belächelt werden – es kommt auf den Standpunkt des Betrachters an.

D.B.

# 1. Jugend

Lily von Kretschman kam am 2. Juli 1865 in Halberstadt zur Welt, wo ihr Vater, Berufsoffizier der preußischen Armee, in Garnison stand. Ihre Kindheit und Jugendjahre waren geprägt von der Strenge, wie sie militärischen und adligen Kreisen Preußens zum erzieherischen Prinzip geworden war. Gottesfurcht, Disziplin, Königstreue, das waren die Grundlagen der Erziehung sowohl für das Kadettenkorps, die Bildungsstätte der heranwachsenden Offiziere, als auch für die bürgerlichen Schulen. Lilys Erziehung lag vornehmlich in den Händen der Mutter, die das heranwachsende Mädchen schon früh mit den Pflichten, die es bald als Fesseln empfand, vertraut machte. Frau von Kretschman war eine schöne Frau von mäßiger Intelligenz. Für sie waren die Formen eines »standesgemäßen« Lebens und die Maßstäbe des protestantischen Glaubens die Werte, nach denen sie ihre Kinder erzog. So wirkten die mütterlichen Weisungen, die Lilys Entwicklung und später auch die ihrer jüngeren Schwester bestimmten, eher hemmend und einschnürend, knebelten sie mehr, als sie zu bilden und formen. Das intelligente junge Mädchen liebte beide Eltern, es bewunderte die schöne, blonde Mutter, der es äußerlich glich, verehrte den Vater, dessen leidenschaftliches Wesen es geerbt hatte, ohne das allerdings zu ahnen. Die häufig aufbrausende, heftige Art, hinter der Hans von Kretschman ein gütiges Herz verbarg, verletzte Lily häufig. Seine Offenheit und Direktheit, die seiner Karriere nicht förderlich waren, ja, im Byzantinismus des späten Preußens unter Wilhelm II. sich geradezu tragisch für den Lebensweg des Generals auswirkten, hatten manches mit dem Wesen seiner Tochter gemeinsam. Es waren gerade diese vom Vater geerbten Charakterzüge, die Lily schon sehr jung sich gegen Falschheit, Heuchelei und die Fesseln einer bigotten Erziehung auflehnen und empören ließen. Die Konventionen der preußischen Erziehung im Schatten der Garnisonskirche von Potsdam waren für Lily, sobald sie zu denken begann, Ket-

Lily von Kretschman im Jahre 1876 im zwölften Lebensjahr

ten, die sie zu sprengen entschlossen war. Und ihr ganzes Leben lang waren formaler Zwang und freudlose Pflichterfüllung für sie gleichbedeutend mit sinnloser Unterwerfung.

Halberstadt, Neiße, Potsdam, Karlsruhe, Berlin, Posen, Brandenburg, Schwerin, Bromberg und Münster, das waren die Garnisonen, in denen sich der Aufstieg des Infanterieoffiziers Hans von Kretschman vollzog. Hierher hatte die Familie zu folgen; kurze oder längere Aufenthalte in den öden preußischen Festungen prägten äußerlich das Familienleben, das verhältnismäßig gleichförmig verlief. Kein großer Reichtum zeichnete den Alltag einer Offiziersfamilie aus, wenn der Vater aus nicht vermögendem Schwertadel stammte. Die Mutter, aus der ostpreußischen Rittergutsfamilie der Gustedt, verfügte ebenfalls über keine bedeutenden Einkünfte; denn ihre Mutter, Lilys Großmutter also, mußte für die Unterhaltung des Landgutes Lablacken im Samland und für die Erziehung ihrer Söhne viel Geld aufbringen, Zuschüsse, die sie so lange gab, bis sie keinerlei Mittel mehr hatte und ein äußerst bescheidenes, fast armseliges Leben auf ihrem Landsitz bis zu ihrem Tode führen mußte. Von ihr, Jenny von Gustedt, wurde Lily in ihrer geistigen Entwicklung in geradezu entscheidender Weise beeinflußt. Die Großmutter war eine musische, feinfühlige und aufrichtige Frau, deren aktiver Humanismus durch Jugendjahre in Weimar am Musenhof und in der ständigen Umgebung des alten Goethe geweckt und gefördert worden war. In den seelischen Krisen ihrer Pubertätsjahre genoß Lily den Rat und die Fürsorge ihrer Großmutter außerordentlich. Besuche der Großmutter bei den Kretschmans, Lilys Aufenthalt in Lablacken, der Gedankenaustausch mit der christlich denkenden, toleranten und gütigen alten Frau haben für Lilys weiteren Weg eine große Bedeutung gehabt. Sie hat später, nach dem Tode der Großmutter, deren nachgelassene Papiere sichtend, eine kulturhistorisch interessante Biographie der Jenny von Gustedt geschrieben, die zugleich Aufschluß über das Leben der Goethezeit gibt (»Im Schatten der Titanen«, Berlin 1922).

Wenn die fünfundzwanzigjährige Lily, auf ihre Kindheit zurückblickend, in einem Brief die verblüffende Frage stellt: »Bin ich denn überhaupt je ein Kind gewesen?«, so scheint das nach den vorliegenden Zeugnissen, auch nach den Porträts jener Zeit, durchaus berechtigt. In dem zarten Jungmädchengesicht findet sich ein auffallend ernster, nachdenklicher, ja grüblerischer Zug, der Mund wirkt herb und verschlossen, die Augen scheinen fragend und trotzig am Fotografen vorbeizusehen. Rein äußerlich verlaufen die Kindheitsjahre normal, im Elternhaus herrschte nach dem Zeugnis Lilys nicht jener überhebliche nationalistische Ton, wie er später, im Wilhelminischen Kaiserreich, zum Allgemeingut vieler bürgerlicher und adliger Familien wurde. Lily erinnert sich der Siegesfeiern nach dem Krieg von 1870/71, den sie als Sechsjährige erlebte: »Von hochgeschwellter patriotischer Begeisterung weiß ich nichts. Vielleicht, daß die gedrückte Stimmung zu Haus mich beeinflußt hatte, denn hier kam reine Siegesfreude nicht auf. Nicht nur weil Söhne und Gatten allen Wechselfällen des Krieges ausgesetzt waren, sondern auch, weil nahe liebe Verwandte der Großmutter im französischen Heer dienten ... Von dem Franzosenhaß, der den deutschen Kindern späterer Zeit eingeprägt wurde, wußten wir infolgedessen nichts. Ich glaube, jener Hurrapatriotismus, der sich heute breit macht, gedeiht nur in Friedenszeiten. Wer dem Krieg Aug' in Auge sieht, dessen Vaterlandsliebe wird vielleicht nicht weniger tief, wohl aber ernster und stiller sein.«

Gegen andere Gifte, die adlige Gesittung und überlebte Erziehungsprinzipien ihr einflößten, erwies sich das Mädchen keineswegs immun. In Schloß Weinheim an der Bergstraße verlebte die Familie Ferienwochen. Unauslöschlich in Erinnerung bleiben dem siebenjährigen Kind die seltsamen Zeremonien der achtzigjährigen Schloßherrin, einer Gräfin, die Lily später so beschreibt: »Wie ein Marquise aus dem achtzehnten Jahrhundert war sie anzuschaun: klein, zierlich, sprudelnd von Geist und Leben, mit winzigen weißen, von Juwelen bedeckten Händen. Wenn ich bei Tisch erschien, musterte die alte Tante mich zuvor sorgfältig, rückte da eine Falte zurecht, steckte mir dort eine Schleife an, wickelte meine Locken über ihre feinen Fingerchen, zog das Kleid noch tiefer von meinen mageren Schultern und holte die Puderquaste aus ihrer goldenen Taschenbüchse, um den Rest Vormittagsübermut von meinen Wangen zu entfernen. Mit Seide und Spitzen, mit Kettchen und Armbändern, mit Worten und Ratschlägen, die für die Seele einer Siebenjährigen nichts anderes waren als süßes Gift, warb sie um mich und modelte an mir. Was sie sagte, weiß ich heute nicht mehr, aber ich weiß, daß ich von ihr erfuhr, des Weibes Aufgabe sei, zu gefallen und zu herrschen, und all die Spiegel und Büchschen und Fläschchen des Toilettentischs seien nichts als Etappen auf dem Wege zu ihrer Erfüllung. Das Bewußtsein, hübsch zu sein, machte mich stolz ...«

Mit unterschiedlichen Mitteln und Methoden wird die

Heranwachsende noch jahrelang auf ihre nach den Konventionen der Zeit und Gesellschaft einzig mögliche Aufgabe »vorbereitet«, dem Äußerlichen verpflichtet zu sein, schön und attraktiv zu werden, den Männern ihrer Kreise zu gefallen, möglichst auch aufzufallen. Wie traurig es um die Erziehung – auch im schulischen Bereich – bestellt war vor hundert Jahren, das schildert Lily am Beispiel einer Berliner »Privatschule für Mädchen der höheren Stände«, nachdem ihre Familie für einige Jahre in die Hauptstadt übergesiedelt ist: »Der erste Eindruck, den ich von den Stunden empfing, war der einer grenzenlosen Langeweile. Der trockene Memorierstoff, auf den der Unterricht hinauslief, vermochte mich nicht zu fesseln, aber es den andern zuvorzutun, die Beste in der Klasse zu sein, das spornte mich an. Meine Kameradinnen konnten mich deshalb nicht leiden, und ich hatte vor ihnen ein unbestimmtes Schuldbewußtsein, da ich ihre Interessen nicht teilte – so blieb ich ganz isoliert. Neben mir in der Klasse saß ein Mädchen, das mir zuerst auch nichts anderes war als eine Konkurrentin. Bald merkte ich, daß sie noch mehr gemieden wurde als ich, daß man sie mit Neckereien und Bosheiten verfolgte. ›Judenmädel‹ stand einmal mit roter Tinte auf ihrem Pult, ein andermal mit weißer Kreide auf ihrem Mantel. Sie weinte stets, wenn sie es sah, wagte aber nicht, sich zu verteidigen. Einmal, nach der Religionsstunde – wir hatten die Leidensgeschichte Christi durchgenommen –, sah ich sie plötzlich inmitten der andern, die sie dicht umdrängten und gemeinsam brüllten: ›Judenbalg hat Christus gekreuzigt – Judenbalg hat Christus gekreuzigt!‹ Dann tanzten sie im Kreise um sie herum und spien alle vor ihr aus. Ich kochte vor Wut und stürzte mich besinnungslos zwischen sie. ›Gemeine Bande‹, schrie ich, während sie auseinanderprallten, ›schämt ihr euch nicht: zehn gegen eine?‹ ›Sie ist aber doch eine Jüdin‹, knurrte die mir Zunächststehende. ›Und wenn sie es ist – wißt ihr denn nicht, daß Christus auch ein Jude war?‹ gab ich zur Antwort. Von da ab befreundeten wir uns mehr und mehr. Wir waren beide Kinder, die durch ihr stetes Zusammensein mit Erwachsenen reifer zu sein pflegen als andere; Bücher waren unsere Leidenschaft, und ein eifriger Austausch zwischen uns gab stets neuen Stoff zur Unterhaltung ... Eines Tages ließ mich die Schulvorsteherin rufen:

›Du hast gesagt, Christus sei ein Jude‹, fuhr sie mich mit zornigem Stirnrunzeln an, ›wie kommst du dazu?‹ ›Maria und Josef‹, stotterte ich in höchster Verlegenheit, ›waren doch auch Juden – und David doch auch, von dessen Stamm er ist.‹ ›Christus ist Gottes Sohn, merke dir das‹, schrie sie, wobei ihre Stimme sich überschlug, ›und streue nicht Unfrieden in die gläubigen Seelen ...‹«

Die Freundschaft Lilys mit Edith wird verboten, nachdem die Eltern des jüdischen Mädchens Lily reich beschenkten. Mit zusammengekniffenen Lippen äußert sich die Mutter über die »protzige Judensippschaft«, und die adlige Tante Jettchen, von Lily als »Kleinkinderschreck und Sittenwächter« bezeichnet, entscheidet kategorisch im Familienrat: »Juden sind kein Umgang für Mädchen, die eine Position in der Gesellschaft haben!«

Es ist nicht so, daß Lily von Kretschman in einer späteren Zeit ihre Reaktionen während der Kinder- und Jugendjahre zu idealisieren pflegt; sympathisch wird sie gerade da, wo sie offen darstellt, wie sie den glitzernden Verführungen ihrer Adelswelt erliegt. Während dieser frühen Jahre in der aufblühenden Reichshauptstadt wird Lily in die Welt des Kaiserhofes eingeführt. Prinz Wilhelm und seine Geschwister, die Kinder des damaligen Kronprinzen Friedrich, laden sie ein, häufig nimmt sie an kleinen Festen im Kreis des zukünftigen Thronerben teil. Durch den Tanzmeister erhält sie den letzten Schliff für die Zukunft und stellt über die erste Begegnung mit dem zukünftigen Kaiser Wilhelm II. fest: »So gut wir französisch parlierten, so zierlich tanzten wir Quadrille und Polka, so tadellos war unser Hofknicks. ›Eine Position in der Gesellschaft‹ war uns gesichert, ja wir besaßen sie, dank unserer Familienbeziehungen, schon jetzt.«

Das Berliner Kaiserschloß war der Ort, an dem Kinderbälle, Theateraufführungen und Weihnachtsfeiern im Kreise der Hohenzollernprinzen für die preußische Offizierstochter zu nie vergessenen Erlebnissen wurden. Man weiß es heute besser als damals, wie stark die Eindrücke der Pubertätszeit das Bewußtsein prägen. Wenn Kadetten, Pagen, königliche Prinzen dem Mädchen ihre Aufwartung machten, das im Spitzenkleid und Atlasschuhen bereits Hofballgarderobe zu tragen hatte, war es nicht verwunderlich, daß Lily von einem

Einzug Kaiser Wilhelms I. am 16. Juni 1871 in Berlin
nach dem Krieg gegen Frankreich

»üppigen Freudenmahl« des zukünftigen Daseins träumte. Schmeicheleien und Komplimente der auf der Stufenleiter dieser Gesellschaft höher Gestellten ließen die Heranwachsende leicht vergessen, daß sie »nur« das Kind eines Garnisonsoffiziers war. Im Glanz der Kerzen, umgeben von Schranzen und Lakaien, die zum Hofleben gehörten, ohne indes die Dienerschaft der Lily von Kretschman zu sein, erwachten erstmals Wünsche in ihr, das Leben zu genießen, ja durch ihre Schönheit auch herrschen zu dürfen.

Die Versetzung des Vaters nach Posen beendet auch für die Offizierstochter vorerst die Berliner Jahre. »Damit sie nicht mit fünzig Cohns und Goldsteins in einer Klasse sitzt!« bekommt Lily einen Privatlehrer, bei dem sie mehr als die bloße Anhäufung von Regeln, Versen, Namen, Zahlen und Daten lernt. Sie äußerte noch nach Jahrzehnten, daß ihr der Unterricht bei Dr. Meyer eine unerwartete Freude gewesen sei: »Das Leben ... strömte mir zu, dessen Fülle ich in atemloser Aufmerksamkeit, in herzklopfender Erregung zu fassen und zu halten versuchte. Die toten Helden der Geschichte wurden lebendig vor mir; alle, die um der Freiheit und Gerechtigkeit willen geblutet hatten – von Leonidas und Tiberius Gracchus bis zu den Amerikanern, den Griechen, den Polen der Neuzeit –, zeigten mir ihre Narben und Wunden, und meine Begeisterung entflammte sich an ihren Taten und Leiden ...«

Häufig nimmt Lilys Mutter an diesem Unterricht teil. Das Mädchen litt unter der Kühle der adelsstolzen Frau, ja, ihre Gegenwart wirkte hemmend auf Lehrer und Schülerin. In einer Unterrichtsstunde hatte Dr. Meyer, der als Hannoveraner die Annektion seiner Heimat durch Bismarcks Politik offenbar nicht vergessen hatte, Friedrichs des Großen Polenpolitik einer scharfen Kritik unterzogen. Die Mutter vergaß alle Vornehmheit und Kälte, die sie sonst zur Schau trug, und rief: »Herr Doktor, vergessen Sie nicht, wen Sie vor sich haben. Wir sind Preußen!« – »Verzeihen Sie, gnädige Frau, die objektive Geschichtsforschung ...« – »Was geht mich die objektive Geschichtsforschung an«, entgegnete Frau von Kretschman heftig, »wir haben unser Fürstenhaus zu lieben und unsere Kinder im Respekt vor ihm zu erziehen. Lehren Sie einfache Tatsachen, keine zersetzende Kritik!«

Das Mädchen empfand es als demütigend, daß ihr Lehrer sich gegen diese dümmliche Kritik der Mutter nicht zur Wehr setzte. Wie konnte er sich herunterputzen lassen und seine Überzeugungen preisgeben! Lily begriff erst viel später, daß er eine Familie zu ernähren hatte, die mit jedem Groschen rechnen mußte, und daß er deshalb seine Anstellung nicht aufs Spiel setzen durfte. Zweifellos dienten diese und ähnliche Erlebnisse dazu, bei der damals dreizehnjährigen Lily ihre »Frondeurnatur«, wie sie es rückblickend nannte, zu wekken. Aufgrund ihrer Kritikfähigkeit begann Lily auch frühzeitig an den kirchlich-religiösen Lehren Zweifel anzumelden. Gebete, Sprüche, Gesangbuchverse und der Luthersche Katechismus schienen ihr wenig verständlich, die Öde der protestantischen Kirchen langweilte sie, und noch vor ihrer Konfirmation äußerte sie offen vor den Eltern und dem Pastor heftige Kritik an den naiven Interpretationen der Bibel. Ihre Skepsis wich blanker Wut und leidenschaftlichem Zorn, als der Pastor erreichte, daß der noch nicht vierzehnjährigen Lily von nun an der Bücherschrank verschlossen blieb und ihr eigener Schreibtisch ständig untersucht wurde. Freimütig hatte sie dem Theologen »gebeichtet«, daß sie Goethes Werke, einen Band nach dem anderen, gelesen hatte. Sie hatte sich für Iphigenie begeistert, um Gretchen gebangt und Werthers Leiden nachempfunden. »Du rührst diese verwerflichen Bücher nicht an, du liest während des Konfirmandenunterrichts nur das, was ich dir gebe!« hatte der beschränkte Pastor gemeint. Das Vertrauen des Mädchens, das er mißbraucht hatte, war nicht mehr zurückzugewinnen, in ihr stiegen zudem zunehmend Bedenken auf, »daß der Gott der Liebe, der Vater im Himmel mit dem grausamen Jehova des Alten Testaments identisch sein sollte«.

Je mehr sie nachdachte, um so stärker wurden ihre Zweifel an der kirchlichen Lehre von der Erlösung der Menschen durch das Leiden und den Opfertod des Jesus von Nazareth. Waren denn die Not, das Elend, die Sorgen vieler Menschen aus der Welt geschwunden, mußte nicht jeder Mensch für sein tägliches Brot sorgen und auch für eigenes Verschulden büßen?

Es kam schließlich so weit, daß die vierzehnjährige Konfirmandin dem Seelsorger erklärte, daß sie vorerst nicht vor den Altar treten wolle und ihn um Dispensierung von der Einsegnung bat. Schriftlich legte sie ihm ihre Ansichten vor, ein seltenes Dokument kindlicher Ehrlichkeit und ihrer Fähigkeit, das Durchdachte präzise zu formulieren.

»Ich glaube nicht an diesen Gott. Ich glaube nicht, daß er in sechs Tagen die Welt geschaffen hat, daß er ihm zum Bilde den Menschen schuf. Ich glaube der Wissenschaft mehr als den unbekannten Fabelerzählern des Alten Testaments.

Ich glaube nicht an diesen Christus, denn ich halte es für heidnisch, an eine Menschwerdung Gottes zu glauben. Ich glaube weder an seine wunderbare Geburt, noch an seine Höllen- noch an seine Himmelfahrt, noch an seine Wunder.

Ich glaube nicht an diesen Heiligen Geist, ich glaube nicht an eine heilige, christliche Kirche, die mordet, brennt, verfolgt, steinigt, die Seelen martert, die Wahrheit leugnet.

Ich glaube nicht an Vergebung der Sünden, weil Sünde sich nicht durch bessere Taten vergibt. Ich glaube nicht an die Auferstehung des Fleisches, denn das ist wissenschaftlich unmöglich. Ich glaube an eine höhere Gewalt, die wir Gott nennen, die der Ursprung des ersten Lebens ist, die die Kraft des Werdens in das erste Atom gelegt hat. Mein Geist ist ein Teil dieses Gottesgeistes. Ich glaube an Jesus als an einen edlen Menschen, der zuerst das Gebot der Menschenliebe predigte und danach lebte. Ich glaube, daß er in Niedrigkeit geboren wurde, damit wir daran erkennen sollen, daß die Geburt nicht den Menschen macht, sondern eigene Arbeit und eigenes Streben. Christi Gebot der Menschenliebe wird die nach ihm benannte Kirche richten. Ich glaube an den Geist Gottes, der sich in allem Schönen und Großen offenbart, der nach dem Tode des Körpers in andern fortlebt, sei es auf oder über der Erde. Die Kirche und ihre Dogmen halte ich für menschliche Einrichtungen, denen ein freier Geist sich nicht zu beugen braucht. Sollte dennoch die mir gelehrte christliche Religion die wahre sein, so hoffe ich das mit der Zeit zu erkennen ...«

Natürlich konnte sich die Familie des preußischen Offiziers mit solch einem mutigen Bekenntnis, das nach dem Urteil der »Gesellschaft« einer atheistischen Haltung nahe kam, nicht abfinden. Besonders die bigotte Mutter setzte Lily unter erheblichen Druck, der »Seelsorger«, hier eine besondere »Bewährung« witternd, setzte alle Mittel moralischer Repression ein. Lily wurde konfirmiert, und die Stunde, da sie vor dem Altar, umgeben von Freunden, Verwandten und Bekannten ihrer Familie, einen Meineid schwören mußte und um der Konvention willen eine bewußte Lüge aussprach, hat sie vermutlich niemals vergessen. Einem Menschen, der wie sie mit scharfen Augen und wachem Verstand begabt war, konnten die Widersprüche des Daseins nicht lange verborgen bleiben. In Posen sah sie erstmals Armut. Elendsgestalten, die den Reichen »unangenehm« waren, traf sie ausgerechnet in der Kirche und bei einer Bestattung. Da für sie, rein äußerlich betrachtet, das gesellschaftliche Leben gut geordnet erschien, begriff sie, die ja kaum dem Kindesalter entwachsen war, noch nichts von den Strukturen der Herrschaft, von den Mechanismen des Herrschens und Beherrschtwerdens. Die Not der »kleinen Leute«, der Kleinbürger, Lohnarbeiter, landlosen Stadtgänger sah sie zwar mit Entsetzen, vermochte jedoch die sozialökonomischen Prozesse, das Heraufkommen des industriellen Zeitalters, auch in den von Preußen annektierten armen polnischen Gebieten, selbstverständlich noch nicht zu begreifen oder zu deuten. Als Tochter eines angesehenen hohen Offiziers, des Kommandeurs preußischen Militärs, gehörte sie von ihrer Geburt an zur Führungsschicht, lebte in Geborgenheit und war überwiegend von der Not und dem Elend breitester Volksschichten abgeschirmt. Als sie, eher zufällig, in Posen in die Armenviertel geriet, nahm sie das, was sie dort gesehen hatte, so mit, daß sie einen Zusammenbruch erlitt. Der Hausarzt diagnostizierte »Malaria«. Zur Erholung reiste sie nach ihrer Genesung in die süddeutsche Handelsstadt Augsburg, wo die Schwester ihres Vaters, die einen millionenschweren Industriellen geheiratet hatte, luxuriös im aufwendigen Stil des Großbürgertums in einem Stadtpalais lebte. Lily mußte sich dem bürgerlich gesitteten Alltag des Hauses anpassen, saß stundenlang am Klavier, stickte altdeutsche Deckchen, bemalte Teller und Schachteln für Wohltätigkeitsbasare. Heimlich, nur wenn die herrschsüchtige Tante es nicht sah, schrieb sie in ihrem Tagebuch oder an ihre Cousine Mathilde. In einem Brief aus Augsburg bekennt sie, wie sehr die tugendhafte Erziehung der Tante ihre Wirkung getan hatte: »Man beurteilt ein junges Mädchen nach seinem Aussehen, weniger nach seinem Wissen, sie wird mit Recht für arrogant gehalten, wenn sie schon eine eigene Meinung haben will ...«

Die Tante, eine Angehörige des liberalen, aufgeklärten Bürgertums, hielt sich viel auf ihren Reichtum zugute, und Lily war sich wohl bewußt, daß sie einmal die Haupterbin des riesigen Vermögens sein würde. Mit Verachtung sah die Industriellengattin auf die nach ihrem Verständnis armselige Wirtschaft der preußischen Verwandten herab. Im Gegensatz zu Lily wußte sie auch von den Spielschulden ihres Bruders, Lilys Vater. »Da ich kinderlos bin, wird für dich reichlich gesorgt sein«, sagte sie der Nichte mehr als einmal. Während sich das Mädchen nach Liebe und Zuwendung sehnte, erklärte ihr die berechnende Bourgeoise: »Ich versuche, dich aus deinem Wolkenkuckucksheim in die nüchterne Wirklichkeit zurückzuholen. Mir geht es darum, daß du dich nicht in konfusen Leidenschaften verplemperst!«

Nach Monaten, in denen sich Lily in dieser Wohlstandsatmosphäre bereits assimiliert zu haben schien, trat ein Ereignis ein, das für sie folgenschwere Wirkungen zeitigen sollte. Noch nach vielen Jahren dachte sie an das Erlebnis zurück, nach Jahren, in denen sie das oberflächliche Leben ihrer Kreise geführt und nach eigenen Bekundungen ihr Dasein genossen hatte. Zur heuchlerischen Moral des wohlsituierten Bürgertums gehörten sogenannte Wohltätigkeitsveranstaltungen der »guten Gesellschaft«. Selbstverständlich war Tante Klothilde Vorstandsmitglied verschiedenster Vereine der Stadt und genoß den Ruf großer Hilfsbereitschaft. In Armen- und Krippenvereinen saßen die reichen Damen in rauschenden Seidenkleidern und besprachen nach opulenten Mahlzeiten ihre Fürsorgemaßnahmen. Dabei ging es um einige hundert Mark, die ein Basar erbringen sollte. Erstaunt hörte Lily von diesen Damen, die über eigene teure Logen im Stadttheater verfügten, repräsentative Häuser und Kutschen ihr eigen nannten, welche persönlichen Schwierigkeiten die Anschaffung eines neuen Extrakleides oder eines schmucken Hutes zur Basareröffnung ihnen bereiten würde. Als Lily die Tante schnippisch fragte, ob es denn nicht einfacher wäre, jede der Damen aus der ersten Gesellschaft würde einfach fünfzig Mark spenden, fuhr die gütige Millionärin ihre Nichte an: »Du hast doch keinen Begriff von Geld und Geldeswert, wenn du meinst, wir könnten alle Augenblicke solche Summen einfach hergeben. Was wir für uns tun und unsere Toilette, das ist unsere Sache. Für die Bedürftigen muß die ganze Bevölkerung herangezogen werden.«

Lily erhielt den Auftrag, unter den Ärmsten der Stadt für geplante Hilfsmaßnahmen des Augsburger Krippenvereins Recherchen anzustellen. In der Wertach-Vorstadt hatte die Sechzehnjährige ihre erste Begegnung mit dem Proletariat. Der Besuch galt einer armen Arbeiterwitwe, die mit Wäschenähen den Unterhalt für sich und ihre vier Kinder verdiente und den Verein um eine Unterstützung gebeten hatte. Schon die dumpfe Kellerluft, das Passieren eines engen, dunklen Hofes beeindruckten Lily. Hier fiel kein Sonnenstrahl ein. Die blassen Jungen und Mädchen betrachteten verwundert das schöne und sorgfältig angezogene Fräulein, als es sich nach der Behausung von Frau Hard erkundigte: »Über drei Stiegen links wohnt Mutta«, erklärte ein blasser Junge mit einem ernsten Altmännergesicht. Die Frau, mit der Lily jetzt ins Gespräch kam, war eine Arbeiterin, wie wir sie von den Blättern der Käthe Kollwitz und den düsteren Zeichnungen Heinrich Zilles kennen. Eine Proletarierwitwe, deren Mann vor drei Jahren an der Schwindsucht gestorben war, was bei vier Kin-

Heinrich Zille: Arbeiterfrau mit Kind

dern in jener Zeit ohne jegliche soziale Sicherungen einer Katastrophe gleichkam.

Der Arbeitstag der Witwe begann morgens um fünf und endete erst gegen Mitternacht. Ihr Wochenverdienst lag bei sechs bis acht Mark. Das faltige Gesicht mit ungesunder gelber Hautfarbe, der krumme Rücken und der nahezu erloschene Blick ließen sie uralt wirken. Lily war entsetzt, als sie hörte, daß ihre Gesprächspartnerin erst sechsundzwanzig Jahre alt sei. Unwillkürlich fiel ihr die gepflegte und noch jugendlich wirkende reiche Tante ein. Schamerfüllt sah sie die

Kinder der Näherin in ihren vielfach geflickten Kleidungsstücken. Sie blickte auf ihre eigene elegante Garderobe, und in einer plötzlichen Gefühlsaufwallung schüttete sie der Frau den Inhalt ihrer Börse mit dem Taschengeld, das in einer Woche mehr betrug, als diese schwer arbeitende Witwe in der gleichen Zeit verdiente, in den Schoß.

Sie wollte keinen Dank hören. Von brennender Scham erfüllt, lief Lily aus der armseligen Behausung. Daß sie auch noch »der liebe Herrgott geschickt haben sollte«, wie Frau Hard dankbar und voller Überraschung geäußert hatte, rief ihr erneut den Konfirmandenunterricht ins Gedächtnis. Wie war es möglich, daß der Herrgott nur für die Reichen da war? Was hatten diese vier hungernden Kinder getan, wo war denn der gütige Gott, der solches Elend mitansah? Selbstverständlich wußte Lily von Kretschman keine Antwort auf diese Frage. Als sie trotz ihrer Absicht, sich zu beherrschen, der Verwandten von dem Erlebten berichtete, erklärte die Tante sie für »überspannt«. »Wie kannst du die Dinge nur von unseren Empfindungen aus bewerten. Die Leute sind das nicht anders gewöhnt, und wenn für das Notwendigste gesorgt wird, sind sie zufrieden. Sie übermäßig zu bedauern, heißt sie zu Sozialdemokraten machen ...«

Auseinandersetzungen über die sinnvolle Verteilung von Hilfsgeldern, die Lily nach weiteren Beobachtungs- und Studiengängen zu anderen armen Familien hatte, führten dazu, daß die fürsorgliche Verwandte schließlich der Nichte die Besuche bei Proletarierfamilien verbot. An der Bescherung des Krippenvereins nahm Lily noch teil; es war für sie der Gipfel frommer Heuchelei, als der Pfarrer in seiner Festpredigt den »Vater im Himmel« rühmte, »der auch die Armen nicht verläßt«. Auf langen hölzernen Tischen lagen geschmacklos bunte Wollsachen, derbe Schuhe und ein paar Pfefferkuchen. Das Mädchen empfand die Lieblosigkeit dieser Weihnachtsfeier und die Peinlichkeit, daß der Geistliche noch ausdrücklich die Dankbarkeit und Zufriedenheit der diese Gaben Empfangenden hervorhob.

Es ist verständlich und beweist die Ehrlichkeit Lily von Kretschmans, daß sie später zugab, vor jenen düsteren Einblicken in die Lebensnöte der »kleinen Leute« erneut in die Welt der Geselligkeit und Betäubung, der Vergnügungen und

Genüsse ihrer Gesellschaftsschicht geflohen zu sein. Lily vergaß jedoch dieses traurige Weihnachtsfest niemals. Die großzügigen Gaben der Tante, der äußere Glanz des Festes in dem prunkvollen Stadtpalais bedrückten sie. Aber danach ging sie, »um die natürliche Lebenslust zu befriedigen«, viel in Gesellschaften, gewann ihre Heiterkeit zurück, wenn sie in eleganten Abendkleidern das Theater besuchte oder mit jungen Kavalieren Schlittschuhlaufen ging. Fuhr sie mit der Tante durch die Vorstädte, schloß sie am liebsten die Augen, der Anblick der Arbeiter, die aus den Fabriken strömten, bedrückte sie, und die Begegnung mit der Witwe Hard verursachte ihr seelischen Schmerz. Doch die Lektion wirkte weiter, auch als Lily im Frühjahr wieder ins Elternhaus nach Brandenburg an der Havel, der neuen Garnisonsstadt ihres Vaters, heimkehrte.

Anfänglich gewann sie die Unbefangenheit zurück, nahm die Rechte der adligen Kommandeurstochter gerne in Anspruch, ritt mit den jungen Leutnants des väterlichen Regiments durchs Havelland, tanzte, parlierte und verdrehte den Söhnen des reichen Bürgertums oder auch adligen Offizieren den Kopf. Aber ihr Blick war durch die Erlebnisse in Augsburg geschärft, es bedurfte nur des Anstoßes, um Lily sensibel für die sozialen Probleme zu machen.

Auf dem ostpreußischen Gut Lablacken, das der Bruder ihrer Mutter, Walter von Gustedt, bewirtschaftete, hatte sie bei einem längeren Besuch Gelegenheit, den reaktionären Charakter der Standesherrschaft zu beobachten. Ja, Lily, die von ökonomischen Dingen nichts verstand, begriff allmählich etwas vom Antagonismus im Verhältnis der junkerlichen Landwirtschaft gegenüber den kapitalistischen Wirtschaftsformen, die sich allmählich im weit von den Industriezentren des Reiches entfernten Ostpreußen herausbildeten. Ihr Onkel, ein Stockkonservativer, hatte sich für die Adelsinteressen sogar in den Reichstag wählen lassen. Lily wurde in Lablakken Zeuge unwürdigster Szenen; über den nahen Verwandten urteilte sie später: »In ihm regte sich zu stark das alte Herrengefühl des ostdeutschen Junkers, als daß es ihm nicht widerstrebt hätte, die durch das allgemeine Wahlrecht nun einmal festgesetzte Gleichheit zwischen Herr und Knecht auch nur äußerlich anzuerkennen. Daß er, dessen Verkehr mit den Untergebenen nur im Befehlen, Tadeln und Strafen bestand, von ihrer Gunst abhängig war, erschien ihm als eine Entwürdigung. Er glaubte sich berechtigt, auch durch ungesetzliche Mittel den Einfluß liberaler oder sozialdemokratischer Strömungen zu bekämpfen. Er hatte bei der Regierung all seinen Einfluß darangesetzt, damit die Eisenbahn bei ihm vorbeigelegt, der Hafen am Kurischen Haff an seine Gutsgrenze gebaut werde. Nun konnten seine Steine zu fernen Bauten über die Ostsee transportiert werden. Die Erträgnisse seines Gutes fanden in Berlin zahlungskräftige Käufer – aber neue Gedanken waren mit den fremden Ingenieuren und Arbeitern eingeführt worden. Er selbst strebte danach, sein Besitztum, das seine Väter schlecht und recht ernährt hatte, in eine kapitalistische Unternehmung zu verwandeln, von der er Millionen erwartete. Aber mit den Maschinen, mit den Kanälen, den Wiesenmeliorationen, den neuen Bebauungsweisen, der ganzen intensiven Art der Bewirtschaftung kamen Scharen neuer Arbeitskräfte ins Land, von denen die Alteingesessenen Ansichten und Bedürfnisse rasch, Handfertigkeit und Verständnis um so langsamer lernten. Die Unzufriedenheit wucherte wie Unkraut, am üppigsten in den kleinen strohgedeckten Katen, deren Bewohner seit Generationen im Dienste standen. Die Zeit, da sie sich vor dem Herrn fühlten wie stumme Sklaven oder wie willenlose Kinder, war vorüber ...«

Eindrücke, Erlebnisse, Beobachtungen und Gespräche rührten damals tief Lilys Denken an. Sie wurde zum Beispiel einmal Zeuge, als der wutentbrannte Onkel einem Stallknecht die Reitpeitsche durchs Gesicht zog. Und wenn die alte Frau von Gustedt, Lilys feinfühlige und gebildete Großmutter, ihrem Sohn gegenüber das Recht der Untergebenen auf ihre persönliche Überzeugung verteidigte, dann hörte sie die zornige Entgegnung: »Stellt euch vor, alle Viehhirten und Konsorten kommen zur Macht – eine nette Wirtschaft würde das!« Der Großmutter Einwurf: »So gebt dem Volk eine bessere Bildung«, forderte die höhnische Replik des Herrn von Lablacken heraus: »Damit jeder Instmannsjunge Professor werden und keiner mehr arbeiten will. Dann sollen wir wohl unsere Frauen vor den Melkeimer setzen und uns hinter den Pflug stellen?« Das junge Mädchen machte sich seine eigenen Gedanken, wenn es hörte, daß die verehrte Großmutter ihrem Sohn ruhig erwiderte: »Vielleicht entspräche solch ein

Wechsel der göttlichen Gerechtigkeit, seit Jahrhunderten gingen sie hinter dem Pfluge – am Ende ist jetzt die Reihe an euch!« Lily kam zu dem Schluß, daß ihr selbstbewußt auftretender Onkel den Anforderungen einer modernen Landwirtschaft nicht gewachsen war. Und sie hörte, wie der Reichstagsabgeordnete von Gustedt in einer einsichtigen Minute murmelte: »Man müßte Chemiker, Ingenieur, Naturforscher sein, um nicht von jedem Hansnarren übersehen und betrogen zu werden; statt dessen hat unsereins nur Leutnant gelernt.«

In der Bibliothek des alten Schlosses verlebte Lily ihre schönsten Stunden. Sie las die neuesten Romane von Zola und die Werke der deutschen Klassik, neben Herder und Wieland vor allem Goethe, der ihr zu einer Offenbarung wurde. In ein kleines Heft trug sie Sätze ein, die ihr Leitworte oder Gegenstand weiterer Auseinandersetzung sein sollten. Als Warnung, ihr Leben nicht zu verzetteln, sondern nach einer klaren Richtung zu streben, sollte der Satz dienen: »Er gehörte zu den vielen, denen das Leben keine Resultate gibt und die sich daher im einzelnen vor wie nach abmühen.« Falls Mutlosigkeit oder mangelndes Selbstvertrauen sie überfallen würden, wollte sie sich an einem anderen Goethe-Wort aufrichten, das sie sich notierte: »Unsere Wünsche sind Vorgefühle der Fähigkeiten, die in uns liegen, Vorboten desjenigen, was wir zu leisten imstande sein werden.«

Bemerkenswerte Schlußfolgerungen aus ihren Impressionen in Augsburg, in der Brandenburger Garnisonsatmosphäre und schließlich im Herrenhaus ihrer Vorfahren teilte Lily in jener Zeit ihrer Cousine Mathilde mit, die zu ihrer wichtigsten Briefpartnerin geworden war: »Ich suche Menschen, wie Diogenes, und sehe dabei immer deutlicher, daß unsere miserable Erziehung uns um das Beste im Leben betrogen hat. Das bißchen Kunst und Wissenschaft hat man uns nur gelehrt, damit wir darüber schwatzen können. Es ist kein Teil unserer selbst geworden; es bleibt in Museen und Büchern wie die Religion in der Kirche. Hätten wir den rechten Ernst, das tiefe Verständnis für sie – Geist und Herz würden so sehr davon erfüllt sein, daß sie am Gemeinen oder Oberflächlichen gar keine Freude empfänden.«

## 2. Reife

Je reifer Lily von Kretschman wurde, um so mehr machte es sie betroffen, wenn sie die Stellung der Frau in der Adelsgesellschaft im täglichen Umgang mit den Männern ihrer Kreise beobachtete. Sei es in Brandenburg bei Geselligkeiten, an denen sie als Tochter des Regimentskommandeurs teilnahm, sei es in den Herrenhäusern in Ostpreußen, immer wieder erfuhr sie, daß die Frau, die »etwas auf sich hält«, sofern sie nicht auf schnellstem Wege nach der Ehe strebt, sich niemals länger als fünf Minuten mit einem männlichen Gesprächspartner unterhalten dürfe. Ihrer Cousine schrieb sie: »Die lieben Nächsten drücken nur dann ein Auge zu, wenn sie eine Verlobung wittern. Fühlst du, wie ekelhaft das ist? Welch eine faustdicke Beleidigung unseres ganzen Geschlechts liegt darin?« Der bornierte Onkel äußerte drastisch: »Sie wird sich die besten Aussichten verscherzen und eine verdrehte alte Schraube werden. Wir müssen sie unter die Haube bringen, solange sie hübsch ist – das allein ist eine Gewähr für die Zukunft!«

Es entspricht dem Widersprüchlichen im Charakter der kaum Zwanzigjährigen, daß sie sich wieder in die Vergnügungen stürzt, die zum täglichen Leben der Oberschicht der Gesellschaft zählen. Die Freude an Bewunderung, Komplimenten und auch am wechselhaften Flirt siegt über die Anziehungskraft des Bücherschranks mit den in ihm verstaubenden Werken der großen Dichter. Lily gestand sich und der Brieffreundin ein: »Die Gesellschaft ist's gar nicht, die mich amüsiert, sondern die Rolle, die ich in ihr spiele. Denn an sich ist sie tödlich langweilig und leer – leer – leer wie ein ausgeblasenes Ei!«

Als der Vater im Rahmen seiner Offizierslaufbahn nach Schwerin versetzt wird, zieht die Familie nach Mecklenburg. Ödnis, Langeweile, ein Provinznest, diese verschlafene Residenzstadt, holprige Straßen, kleine Häuser mit niedrigen Fenstern. Die Menschen entsprachen nach Lilys Urteil dieser Stadt. Es war unwesentlich, ob sie Kammerherr, Hofmarschall oder Leutnant waren, alle Menschen, auf die sie traf, hatten die gleichen Ansichten, ähnelten sich in ihrem Wesen, es schien zudem, als seien die Uhren in dieser Beamtenstadt und Fürstenresidenz vor Jahrhunderten stehengeblieben. Vor allem die Frauen erschreckten sie. Sie trugen ihre Haare streng und glattgescheitelt, gaben sich kirchenfromm und stellten eine künstliche Vornehmheit zur Schau; sie wirkten äußerlich und innerlich vollkommen farblos.

Obwohl Lily in dieser Zeit viel schrieb – außer Tagebucheintragungen auch Gedichte und Texte für Aufführungen im kleinen Kreis der wenigen jüngeren Bekannten –, langweilte sie sich. Die junge Frau, die sich durch keine religiösen Normen verpflichtet fühlte, die engen Schranken der Konvention zu achten, wünschte nichts mehr, als sich ihr Recht, ihr Leben zu leben, nehmen zu können. Ein vernichtendes Urteil über den Adel und seine überlebten Daseinsformen, das besonders die Entwürdigung des Frauenlebens in dieser Gesellschaftsschicht deutlich charakterisierte, fällte Lily von Kretschman in einem Brief an die Cousine: »Du sagst, und zwar mit dem Ton moralischen Vorwurfs, daß ich nur darum die hiesige Gesellschaft so abfällig beurteile, weil ich noch niemanden fand, der mich persönlich interessiert. Das ist doch selbstverständlich! Oder gehst du der vielen Gleichgültigen wegen in Gesellschaft, die sich nach deinem Befinden erkundigen, obwohl es ihnen ganz einerlei ist, wie du dich befindest, die die kostbare Zeit mit Geschwätz totschlagen, von dem du absolut keine Anregung empfängst, die ein verbindliches ›Auf Wiedersehen‹ flöten und schon am nächsten Tag an deiner Leiche gleichgültig vorübergehen würden? Du treibst deinen Vorwurf noch weiter und sagst entrüstet, ich wäre wieder einmal reif, mein Herz wegzuwerfen. Ich gebe das ohne weiteres zu: findet mein Geist kein Interesse, so muß das Herz daran glauben.«

Bemerkenswert an dieser Zustandsschilderung des Gesellschaftslebens, wie wir es ähnlich in den Romanen des alten Fontane dargestellt finden (»Effi Briest«, der große Frauenroman, den Thoman Mann als »Minierwerkzeug demokratischer Aufklärung« bezeichnete, spielt in genau jenen Jahren, aus denen Lily von Kretschmans Briefzitat stammt), ist auch, daß die junge Adlige auf der Suche nach einem Lebensinhalt zwar den Flirt mit leichtsinnigen und oberflächlichen Standesgenossen sucht, andererseits diese Art von Beziehungen ironisch als »Allerweltsleitungswasser« in einen Gegensatz zum wahren Gefühl setzt: »Ich lechze nach Licht, flammendem Geisteslicht, nach einer Leidenschaft, an der ich mich verzehren kann.«

Der Anflug von Zynismus wird abgestreift, wenn Lily über ihren individuellen Konflikt mit Herkunft, Erziehung und läppischen Tagesaufgaben in ihr Tagebuch notiert: »Irgendein unheimliches wildes Tier haust in meinem Innern. Es zerreißt die festesten Eisenketten. Es treibt mich seit meiner Kindheit von Leidenschaft zu Leidenschaft. Wie erbärmlich, sich erheben zu wollen über die Mädchen der Straße. Wären wir nicht so gut erzogen und wohlgehütet, wie viele von uns gingen denselben Weg wie sie. Oh, über das trostreiche Verweisen auf häusliche Pflichten. Als ob ich sie nicht alle erfüllte, ohne die geringste Befriedigung zu spüren! Staub wischen, Hüte garnieren, Deckchen sticken, Strümpfe stopfen – soll das das Herz beruhigen, den Geist ausfüllen? Es ist nichts als eine tugendhafte Bemäntelung des Zeittotschlagens. Meine Lebenskräfte schreien nach Betätigung. Ich möchte etwas erleben, das keine Nervenfaser unberührt, kein Äderchen ohne Glut läßt, etwas leisten, was Wunden kostet ...«

Im Sommer des Jahres 1883, Lily von Kretschman ist gerade achtzehn Jahre alt, trifft sie einen Gefährten aus den Kindertagen wieder. Mit ihm, einem »leibhaftigen Prinzen« und Verwandten eines regierenden Hauses, hatte sie einst im Berliner Schloß im Kreise der preußischen Königskinder Weihnachten gefeiert. Nun, da man sich zufällig in einem bayrischen Ferienhaus wiedersieht, erfaßt sie eine echte und tiefe Zuneigung zueinander. Der Prinz ist Offizier beim feudalen Garde-du-Corps-Regiment in Berlin, er wechselt sofort zu einem Dragonerregiment nach Ludwigslust, um Lilys Wohnort Schwerin nahe zu sein. Auch für Lily ist es nicht nur ein Flirt. Niemals zuvor hat sie wirklich geliebt, erst jetzt weiß sie, was das für ein Gefühl ist. Der Geliebte berichtet ihr, daß er gerade mit Mühe und Not den Heiratsplänen seiner karrierebewußten Mutter entronnen sei. Natürlich habe für den Sprößling eines fürstlichen Hauses nur eine Prinzessin zur Debatte gestanden. Und da sie die verarmte Seitenlinie materiell hätte sanieren sollen, wäre im kronentragenden Familienrat auch nur eine millionenschwere Fürstentochter anerkannt worden. Solche Prinzessinnen waren rar in Deutschland, da sich der Adel allenthalben längst in einer Phase des Untergangs befand. Angesichts ihrer Jugend und der überaus leidenschaftlichen Gefühle, die offenbar beide füreinander empfanden, scheint verständlich, daß die Liebenden sich der Illusion hingaben, die Zustimmung der prinzlichen Familie zu einer Heirat zu erhalten. Doch das war ein Irrtum, der für Lily folgenreich werden sollte. Nach einer stürmischen monatelangen Beziehung, nach Bällen und Festen, Reitausflügen und Opernabenden in der Residenzstadt Schwerin während einer kurzen Saison kommt die furchtbare Enttäuschung – selbstverständlich wird dem Prinzen die Heirat mit der nicht ebenbürtigen Tochter des Schwertadels verweigert. Eine steinreiche alte Verwandte des Prinzen, die er, um seine Selbständigkeit gegenüber der Mutter zu erreichen, um einen finanziellen Zuschuß zu seiner Apanage gebeten hatte, antwortete arrogant und zynisch: »Für ein vernünftiges Verhältnis habe ich Geld – für eine dumme Ehe nicht!« Lily glaubt, in ihrem Gefühlsüberschwang, einen Ausweg zu finden. Tante Klothilde aus Augsburg, die sie stets ihrer Liebe versicherte, Besitzerin von Millionen, zu deren Haupterbin Lily bestimmt war, wird ihr, wie sie hofft, helfen, das Lebensglück an der Seite des unvermögenden Prinzen zu finden. Sie schreibt einen Bittbrief nach Augsburg und ist töricht genug, alle Hoffnung auf die Güte der Tante zu setzen.

Wenige Tage später traf ein Antwortbrief der Erbtante bei Lilys Vater ein. Kalt und abweisend schrieb die Augsburger Millionärin von »Pflicht, Opfer, Ehrgefühl«. Der Vater war aufs äußerte empört über die »Ehrlosigkeit« des Prinzen, und die moralischen Belehrungen der Tante gipfelten in den Sätzen: »Lily wird durch diese Erfahrungen klug werden und ihre zügellosen Leidenschaften bändigen lernen. Unser ganzes Leben ist Entsagung und Pflichterfüllung ...«

Tatsächlich hatte die Tante, ohne sich dessen bewußt zu sein, etwas Zutreffendes ausgesprochen. Ihre Nichte, die das Ausmaß an Heuchelei und leeren Adelskonventionen nun an sich selbst erfahren mußte, wurde tatsächlich »durch diese Erfahrungen klug«. Ihrer Natur gemäß entschied sie sich, allen Konventionen zum Trotz, an der Seite des Geliebten in freier Beziehung ohne den »Segen« der offiziell den »feinen Ton« angebenden Kreise zu leben. Doch der Prinz, dem sie ihren Entschluß mitteilte, handelte seiner Erziehung, Herkunft und bornierten Gesinnung gemäß. Er lehnte Lily von Kretschmans Vorschlag ab. Sein Ehrenkodex verbot ihm, die Schranken der herrschenden Gesellschaftsmoral zu durchbrechen, er verstand sie nicht, als sie ihm sagte: »Ich will die wahnsinnige Weltordnung für mein Teil vernünftig machen!« Mit den Worten, die einem kitschigen Roman der Trivialliteratur entnommen sein könnten: »Mach mich doch nicht zum Schurken!«, verabschiedete er sich von Lily.

Wie die Fliege im Spinnennetz, das sein Opfer umklammert hält, sah sich von nun an nicht nur Lily, sondern sahen sich auch ihre Eltern in der muffigen, engbrüstigen kleinen Residenzstadt Schwerin durch Tratsch, Schadenfreude und Mißgunst gefangen. Sie waren zum Mittelpunkt eines Skandals geworden. Selbst der an der Affäre völlig schuldlos, dem Reglement des Hoflebens und eines Offizierskasinos vorbehaltlos verpflichtete Regimentskommandeur von Kretschman, Lilys Vater, wurde empfindlich »zur Ordnung« gerufen, weil seine Tochter die ungeschriebenen Gesetze der Feudalpyramide verletzt hatte. Man wollte ihm von »höheren Orts« her eine Rüge für die unvollkommene Erziehung seiner Tochter aussprechen, und er wurde in die kulturell öde Stadt Bromberg, nahe der russischen Grenze, versetzt. Lily bekam einen Brief, der ihr naheging, weil sie ihren Vater trotz seiner Heftigkeit um seines guten Herzens willen liebte. »In der Bibel steht, daß die Sünden der Väter an den Kindern heimgesucht werden, aber die andere bittere Wahrheit, die ich am eigenen Leibe erfahren muß, steht nicht darin: daß die Väter für die Sünden der Kinder büßen müssen. Ich bin zum Chef der Landwehr-Inspektion in Bromberg ernannt worden. Das ist nichts anderes als eine ehrenrührige Strafversetzung, die ich mit meinem Abschiedsgesuch beantworten würde, wenn ich nicht genötigt wäre, weiter zu dienen, um meine Familie zu erhalten ...«

Lily von Kretschman befand sich nach einer Art Flucht von ihrem »schlechten Ruf« auf dem Gut Lablacken in Ostpreußen, wo die Großmutter ihre Enkelin mit praktischen Aufgaben von den Folgen der »Affäre« abzulenken suchte. Für die Kinder von Landarbeitern und Knechten, die im Schmutz und der Trostlosigkeit armseliger Katen oder der Straße lebten, während die Eltern arbeiteten, hatte die alte Dame einen Kindergarten eingerichtet. Nur mit Selbstüberwindung begleitete Lily sie, die sich um die körperliche Hygiene der Kinder und in bescheidenem Ausmaß auch um ihre Unterrichtung bemühte. Lilys Blick war für die Not der Dorfbewohner geschärft, bedrückt notierte sie in ihr Tagebuch: »Diese Kinder straften die beruhigend-semtimentale Auffassung von der blühenden ländlichen Jugend Lügen. Nur wenige waren rund und pausbäckig und körperlich fehlerlos. Die meisten wakkelten mühsam auf krummen Beinchen daher, an Ausschlägen an Kopf und Körper, an triefenden Augen litten viele, selbst Krüppel fehlten nicht, und mit Schmutz und Ungeziefer waren fast alle behaftet. Manche unter ihnen stierten mit verblödeten Blicken ins Leere oder saßen stundenlang auf demselben Fleck wie lebensmüde Greise ... Ob es ihnen wirklich etwas nutzen konnte, daß sie hier während ein paar Kinderjahren vom inneren und äußeren Schmutz ein wenig gereinigt wurden?«

Auch im Schatten des Herrenhauses ihrer Familie sah Lily die erschreckende Realität des Lebens unter patriarchalischer Gutsherrschaft. Wenn sie durchs Dorf ging, mit den verhärmten, in großer Armut lebenden Kätnerinnen, Landarbeiterinnen und Mägden sprach, erinnerte sich Lily der Erlebnisse, die sie vor drei Jahren während ihres Aufenthaltes in Augsburg hatte. Niemals hatte sie die Arbeiterfrau Hard, Witwe und Mutter von vier Kindern, vergessen, die ungeachtet ihrer erst sechsundzwanzig Lebensjahre wie eine Greisin auf sie gewirkt hatte. Die Frauen von Lablacken sahen ähnlich aus. Dreißigjährige hatten bereits krumme Rücken, waren abgeschlafft bis zur Auszehrung, mit grauen Haaren und uralten, leidgezeichneten Gesichtern. Aus den Städten, wohin sie als ungelernte Arbeiterinnen oder Dienstmädchen gegangen waren, brachten sie eines Tages ihr vaterloses Kind mit ins Dorf, das ihre Eltern aufzuziehen hatten. Häufig erlebte Lily bei ihren Besuchen die schrecklichen Folgen des Alkoholismus. Der geringe Lohn wanderte zum Gastwirt, allein in Lablacken stritten sich drei Schankwirte um ihre Gäste. Wenn sie in die niedrigen, dumpfen Stuben der Kätner blickte, die schreienden Kinder und schimpfenden Frauen erlebte, begriff Lily, daß mancher Mann die Kneipe diesem Jammerbild vorzog.

Als die Großmutter von ihrem Sohn, dem Rittergutsbesitzer von Gustedt, forderte, Leseabende für seine Leute zu veranstalten, um sie mit wertvoller Literatur bekannt zu machen, entgegnete der konservative Reichstagsabgeordnete, dessen Familie seit den Zeiten der Ordensritter die Verantwortung für die Bewohner der Herrschaft Lablacken trug, eisig: »Das hieße Bedürfnisse wecken, die schließlich zur Landflucht führen ...«

Lily von Kretschman, bei ihrer Wahrheitsliebe und der Fähigkeit, die Wahrheit zu erkennen, war sensibel genug, unter den fürchterlichen Realitäten zu leiden. Scham erfüllte sie, und der Gedanke durchfuhr sie häufig, daß es nicht ihr Verdienst sei, als »Herrenkind« das Licht dieser Welt erblickt zu haben. Es hätte ja auch sein können, daß ich selbst als Tochter eines Landarbeiters leben müßte, sagte sie sich und grübelte darüber nach, ob es Wege gäbe, das Elend und die materielle Not der Mehrheit der Menschen zu beseitigen. Am Abend saß sie mit der Großmutter in der Bibliothek, die von den anderen Schloßbewohnern kaum besucht wurde, und las. Die stenografischen Berichte der Reichstagssitzungen in Berlin, die ihr Onkel, der Abgeordnete, zugeschickt erhielt, langweilten sie anfänglich, weil sie von Politik und Wirtschaft so gut wie nichts verstand. Aber als sie das Protokoll der Debatte über das von Bismarck geforderte Sozialistengesetz entdeckte, begann sie doch darin zu lesen. Die Großmutter lehnte das Gesetz zur Verfolgung der Sozialdemokraten ab. Weitsichtig, human und lebensklug sagte sie der Enkelin: »Ausnahmegesetze dieser Art schaffen nur Märtyrer, und Märtyrer werben Scharen von Proselyten!«

Lily war – wie ihre bisherige Umgebung – voller Vorurteile gegen die Sozialdemokratie, über deren Geschichte und Ziele sie natürlich völlig uninformiert war. Sozialdemokraten waren nach ihrer Auffassung Königsmörder, Volksverführer und Betrüger, die um ihres Vorteiles willen von Freiheit und Brüderlichkeit sprachen, in Wirklichkeit jedoch ein Leben niedrigster Genüsse zum Ziel ihrer Bestrebungen machten.

Wenn der Onkel mit der Logik des konservativen Scharfmachers forderte, diese »infamen Kerls, die Wüstlinge und Königsmörder, an die Laternenpfähle aufzuknüpfen«, dann stimmte die politisch Unwissende gedankenlos dem zu. Nun wurde sie, die aufgrund der Begegnung mit der Armut der Dorfbewohner über das Wesen der Gesellschaftsordnung viel nachgedacht hatte, bei der Lektüre der Reichstagsprotokolle mit einigen offensichtlichen Unwahrheiten konfrontiert. Ein konservativer Parteifreund des Onkels hatte in einer Rede aus dem kommunistischen Manifest die »Forderung« der Sozialdemokraten zitiert, die von einer angeblichen Weibergemeinschaft sprach. Die Antwort von Wilhelm Liebknecht wies eindeutig nach, daß der Konservative eine Fälschung des Originaltextes verbreitet hatte. Nach dem eben in Schwerin Erlebten wurde Lily durch diese Debatte über die sozialistische Forderung einer von ökonomischen Rücksichten vollkommen freien Form der Ehe ganz persönlich angesprochen. War diese Forderung nicht ein erstrebenswertes Ideal, das während vieler Jahrhunderte von einer angeblich christlichen Gesinnung nicht hatte durchgesetzt werden können?

Es kann nicht verwundern, daß Lily von Kretschman den Bruch mit ihrem bisherigen Leben nicht sofort zu vollziehen vermochte. Knapp zwanzigjährig, war sie noch allzusehr in den Banden des Familienlebens und der starren Regeln ihres Standes befangen. Als im Frühjahr das gesellige Leben auf den ostpreußischen Herrensitzen begann, Besuche und Festlichkeiten der reichen Oberschicht die von einem jungen Menschen gerne gewünschte »Abwechslung« brachten, schließlich die ganze Familie des Gutsbesitzers in das mondäne Ostseebad Cranz übersiedelte, wo sich der Adel Ostpreußens mit dem selbstverständlichen Recht der Wohlhabenden und Bevorrechtigten ausschließlich den verschiedensten Formen von Vergnügungen hingab – da war Lily wieder ganz »die alte, frivole, von fanatischer Lebensfreude erfüllte« Genießerin, wie sie ihrem Tagebuch anvertraute. Aber sie war ehrlich genug, einzugestehen, daß es sich um Lebensformen der Betäubung handele. Ihrer Cousine Mathilde schrieb sie: »Wenn man mit sich und der Welt so zerfallen ist wie ich, so ist es das Beste, nicht zur Besinnung zu kommen. Ich genieße das Leben, solange ich jung bin und man mir huldigt, und betäube die warnenden Stimmen im Innern. Ich reite, ich rauche, ich bin kokett, ich mache extravagante Toiletten und erlaube mir Dinge, die man zu verdammen pflegt – aber ich würde mir auch nichts daraus machen, wenn ein Sturz vom Pferde, ein Umschlagen des Kahns dem dummen Spaß ein Ende machte. Um eine Einsicht bin ich inzwischen reicher geworden: daß das Glück, nach dem wir ein so unbändiges Verlangen tragen, nichts ist als Betäubung. Betäube durch Arbeit, Vergnügen, Liebe, durch Religion und Kunst deine Überlegung, betäube den Gedanken an all das Elend in der Welt, geistiges und leibliches, betäube die Erinnerung an selbstverschuldete Schmerzen, an gescheiterte Hoffnungen mit einem dieser Narkotika, und du wirst ›glücklich‹ sein. Je jünger man ist, desto leichter geht's; es ist aber leider wie mit dem Morphium: je mehr man seiner bedarf, desto weniger wirkt es ...«

Nach der Rückkehr ins Elternhaus, in die tiefe Einöde des einstmals polnischen Provinznestes Bromberg, bedrückte sie der dumpfe Atem dieser Kasernen- und Fabrikstadt, der Mief und Klatsch des Spießertums, die Interesselosigkeit der Offiziersfrauen. Hier spürte sie auch, daß Preußens Militär unbeliebt war. Polnische Patrioten taten sich schwer, ihren Groll gegen die Kolonialpolitik des Fürst-Reichskanzlers von Bismarck zu zügeln. Es ist bezeichnend für die Veränderungen in Lily von Kretschmans Wesen, daß sie in Bromberg die Kontakte zu den gleichaltrigen Damen meidet. Zwar fühlt sie sich zu den jungen Offiziersfrauen hingezogen, dennoch durchdringt ihr scharfer Blick die billige Fassade des »juste milieu«, sie spricht vom Talmiglanz dieser Lebensform, ja sie versteht nun sogar, daß die gesellschaftliche Ordnung des hierarchischen Lebens der Offizierskaste Lügen und Selbstbetrug nur verdeckt. Sie notiert über die Bromberger Eindrücke: »Ich verkehre viel mit jungen Frauen, doch ihr Leben widert mich an. Ein bißchen Musik, ein bißchen Malerei, ein bißchen Wohltätigkeit und unter dieser Maske der guten Gesellschaft entweder nichts oder ein unklares Durcheinander von Romantik und unterdrückten kleinen Passionen. Nie ein starkes Gefühl, nie ein brennendes Interesse! Die Frauen haben einen Lebensinhalt: ihren Mann, ihre Kinder, ihre Häuslichkeit. Zeit, an ihre Bildung zu denken, haben sie nicht!«

Lily Braun im Jahre 1896

Wieder ist es die Heuchelei, die täglich vollzogene Lebenslüge, die Lily anwidert. Diese Offiziersfrauen spielen sich und ihrer Umwelt etwas vor! Abends, in eleganter Garderobe, strahlen sie Luxus, Fröhlichkeit und Lebenslust aus. Vormittags ziehen sie die Gardinen zu und besorgen die Kinderwäsche, stehen am Kochtopf und versuchen zu sparen. Zwei teure Soupers als Galaveranstaltung, aber das ganze Jahr hindurch Einschränkungen. Es gilt als Devise die Umkehrung des Moltke-Spruches: »Mehr scheinen als sein!«

Den Abschluß dieser letzten Phase ihrer Jugend bildet der Umzug der Familie in die alte Westfalenstadt Münster. Nach dem Kaisermanöver des Jahres 1887, bei dem sich der inzwischen zum General beförderte Vater Lilys besonders auszeichnete, war er als Kommandierender General einer Division, die ihre Standquartiere zwischen Minden und Aachen fand, auf einer hohen Position der militärischen Rangleiter angekommen. Überschattet wurde diese Berufung nur dadurch, daß General von Kretschman dem neunzigjährigen Kaiser Wilhelm I. durch vorzügliche Truppenführung beim Manöver aufgefallen war, indem er die markierten gegnerischen Truppen überragend besiegt hatte. Und dieser Sieg, so raunten sich Eingeweihte zu, hatte einen »schlimmen Fehler«. Er war zu Lasten des jungen Prinzen Wilhelm errungen worden, des Sohnes des todkranken Kronprinzen Friedrich und vermutlich selbst in absehbarer Zeit Erbe des Kaiserthrons. »Wer Prinz Wilhelm kennt, weiß, daß er alles kann, nur nicht vergessen«, äußerte ein skeptischer Verwandter der Kretschmans in Gegenwart Lilys.

Doch vorerst brachte der Umzug aus dem kleinstädtischen Bromberg nach Münster nur Freude für die Familie. Für Lily war es die Begegnung mit einer alten deutschen Kulturlandschaft und noch einmal Abwechslung, Feste, neue Bekanntschaften und – überraschend und dramatisch – die Wende ihres bisherigen Lebens.

Unabhängig von der Teilnahme an gesellschaftlichen Verpflichtungen nimmt sich Lily die Zeit, ihre Bildungslücken zu schließen. Sie liest nicht mehr wahllos. Die Lektüre einer mehrbändigen kulturgeschichtlichen Enzyklopädie hilft ihr, ihr Wissen zu vertiefen, und läßt sie zu ausgereifteren, weniger von Gefühlen bestimmten Urteilen gelangen. Ihre Cousine, die häufig die Klischee-Urteile des Adels übernimmt, provoziert damit ihre Briefpartnerin Lily. Diese schreibt ihr aus Münster die für eine Dreiundzwanzigjährige bemerkenswerten Sätze: »Der einzige dauernde gesunde Fortschritt wächst aus dem Volk heraus. Die Großen der Erde sind oft nichts als Marionetten in der Hand der ungeheuer namenlosen Massen. Je mehr ich die Geschichte der Völker studiere, desto klarer wird mir, daß der große, viel zu wenig anerkannte Fortschritt unserer Zeit in der völlig veränderten Wertung der Arbeit besteht. Kein Volk der Vergangenheit hat die Arbeit an sich als etwas Ehrenvolles betrachtet. Im Gegenteil, nur der Sklave, der Kriegsgefangene, der Entrechtete, Ehrlose arbeitete. Die Arbeit war eines freien Mannes unwürdig. Das war die durchgängige Ansicht der antiken Völker, das war auch die der Germanen. Die Arbeit eine Ehre – das Nichtstun ein Laster, dahin fangen wir erst an, uns zu entwikkeln, und zu ihrer vollen Bedeutung wird diese Erkenntnis erst in später Zukunft gelangen. Für mich persönlich ist sie nicht bloß eine verstandesgemäße Einsicht, sondern ein Ereignis, das mich erschütterte. Wird der Wert des Menschen an seiner Leistung gemessen – wie bestehe ich vor dieser Prüfung? Ich bin dreiundzwanzig Jahre alt, gesund an Geist und Körper, leistungsfähiger vielleicht als viele, und ich arbeite nicht nur nichts, ich lebe nicht einmal, sondern werde gelebt. Oh, daß ich die Kräfte, die ich besitze, in einer jener Pionierarbeiten einsetzen dürfte, die durch die Wüste der Welt neue Wege bahnen!«

1888 sterben zwei deutsche Kaiser im Verlauf von nur neunundneunzig Tagen. Auf den neunzigjährigen Wilhelm I. und seinen Sohn, Friedrich III., folgt Wilhelm II., noch nicht einmal dreißig Jahre alt, unerfahren und für seine Aufgaben ungenügend erzogen, von maßloser Arroganz und fürstlichem Standesbewußtsein. Die Ära Bismarcks, der nahezu drei Jahrzehnte den preußischen Staat als Ministerpräsident und fast zwanzig Jahre lang das zweite deutsche Kaiserreich als Kanzler regierte, geht dem Ende entgegen. Das aus mehr als zwanzig Bundesstaaten bestehende Reich erlebte nach dem Krieg von 1871 einen außerordentlichen wirtschaftlichen Aufschwung, der jedoch durch die reaktionäre und harte Innenpolitik des Reichskanzlers keinerlei sozialen Frieden möglich gemacht hatte. Während die Großindustrie sich gigantisch entwickelte, Handel und Gewerbe aufblühten, trug die Hauptlast der ökonomischen Entwicklung das anwachsende Heer der Arbeiterschaft. Es rekrutierte sich vielfach aus den Reserven der ländlichen Bewohner, vor allem der östlichen Provinzen des neuen Reiches. Die Kohle-, Eisen- und Stahlwerke konzentrierten sich im Westen Deutschlands. Vornehmlich das Ruhrgebiet wurde zur »Schmiede des Reiches«, was eine Konzentration von Arbeitern im westlichen Westfalen bedeutete. Seit 1878 war durch Bismarcks Ausnahmegesetze die deutsche Sozialdemokratie als politische Partei verboten. Ihre Führer, August Bebel und Wilhelm Liebknecht, die nach dem Krieg von 1871 jahrelang als politische Häftlinge eingekerkert waren, genossen zwar als Reichstagsabgeordnete Immunität, doch viele Funktionäre der Partei wurden verfolgt oder lebten außerhalb des Landes.

Es war für Lily von Kretschman eine dramatische Zeit. Sie begann im Frühjahr 1889, als sie, um den Werbungen eines adligen Landrates zu entgehen, eine Freundin auf einem alten Schloß, am Rande des Ruhrgebietes gelegen, besuchte. Schlagzeilen der lokalen Presse brachten die Meldung, daß Streiks der Arbeiter, vor allem der Bergknappen, von den Werkdirektoren dadurch beantwortet würden, daß sie von der Regierung Truppen anforderten. »Revolution im Kohlenrevier«, lautete die Meldung. Der junge Kaiser im weit entfernten Berlin beauftragte den kommandierenden General in Münster, Militäreinheiten zur Niederschlagung etwaiger Unruhen in Marsch zu setzen. General von Kretschman folgte dem Befehl des Monarchen nur ungern und schrieb seiner Tochter lakonisch und voller Unbehagen: »In Gelsenkirchen haben sich ein paar dumme Bengels mausig gemacht, die Kohlenfritzen flehen mit schlotternden Knien um militärischen Schutz. Ich finde solche Aktionen eines Soldaten unwürdig ...«

In Lilys Bekanntenkreis, unweit von Castrop, wurden die Ereignisse diskutiert, zumal Augenzeugen aus den Ausstandsgebieten zur Runde gehörten. »Das Verhalten der Arbeiter, das ich auf mehreren Zechen miterlebte, ist so würdig, daß die Zechenherren in ihrer Aufgeregtheit einen geradezu peinlichen Eindruck hinterließen«, berichtete der Ortspfarrer. Und selbst der Oberpräsident der Provinz hielt die Forderungen der Arbeiter, mit denen er in Gelsenkirchen verhandelte, für durchaus diskutabel. Sie lauteten in erster Linie, die Einführung der Achtstundenschicht zu genehmigen. Auch maßvolle Lohnerhöhungen schienen im Bereich der Verhandlungsmöglichkeiten zu liegen. Während im Kreise von Lily von Kretschmans Freunden einer der Herren den Sozialdemokraten die Schuld am Streik zuerkannte, entgegnete ein älterer Aristokrat mit scharfer Kritik an den Werkdirektoren: »Wenn die Arbeiter sehen, daß die Herren Direktoren mit vierzig- und fünzigtausend Mark Gehalt auf Gummirädern fahren und Sektgelage geben und die Aktionäre enorme Dividenden schlucken, so ist's doch kein Wunder, daß sie es ihnen auf der einen Seite nachmachen möchten und auf der anderen vor Neid immer rabiater werden. Die ganze Bewegung ist dadurch entstanden, daß die glänzende Konjunktur der letzten Jahre ausschließlich den Besitzern und Aktionären zugute kam. Hier hakt notwendigerweise die sozialdemokratische Agitation ein.«

Ein hoher preußischer Staatsfunktionär erwiderte schneidig mit der bürokratisch-harten Meinung der Regierenden: »Nach meiner Ansicht hat eine gewissenlose sozialdemokratische Agitation die gut bezahlten Bergarbeiter zum Kontraktbruch verführt. Es ist unsere Pflicht, sie, wenn es sein muß, mit Gewalt auf den Weg des Rechts zurückzuführen. Wortbruch und Pflichtvergessenheit sind überall der Anfang vom Ende!« Lily hatte sich bereits weit von diesem Herrenstandpunkt der preußischen Staatsbürokratie entfernt. Sie wollte zu diesem Unrecht nicht schweigen und verwies darauf, daß es eben die Frage sei, welcher Seite man den »Wortbruch und die Pflichtvergessenheit« vorzuwerfen habe. Gäbe der Grubenbesitzer den Arbeitern nicht soviel Lohn, daß die Proletarierfamilien davon anständig leben könnten, so sei das »Pflichtvergessenheit«. Und wenn ausgerechnet diejenigen, die genügend Zeit für alle »Vergnügungen der Welt« besäßen, den Arbeitern das Recht auf eine geregelte Arbeitszeit vorenthielten, dann sähe sie darin einen »Wortbruch«.

Zu vertrauten Freunden äußerte Lily von Kretschman in jener Zeit ihres inneren Aufbruchs zur anderen Seite, daß sie sich der Elendsgestalten aus der Arbeitswelt geradezu visionär erinnere. Die Begegnungen in den Vorstädten Augsburgs, Posens und in den Dörfern Ostpreußens vermochte sie nicht zu vergessen.

Die Diskussion über Ursachen und Berechtigung des westfälischen Streiks vom Frühjahr 1889 war nur ein Vorspiel. Schon wenige Stunden später trafen Nachrichten ein, die Lily von Kretschmans Haltung des Sympathisantentums verfestigten und sie zu klarer Parteinahme für die Arbeiter zwangen. »In Witten und Annen hat das Militär scharf geschossen, in Dortmund ist die Haltung der Arbeiter drohend, nach Hörde sind Kürassiere unterwegs«, lauteten die Nachrichten. Lily hielt es nicht länger im Schloß ihrer Freunde aus. Sie verließ das Haus, ließ auch die Parkmauer hinter sich und traf auf dem Gutshof auf einen alten Bergmann, der im Kreise der

Gutsarbeiter von den Geschehnissen berichtete: »Ich bin dabeigewesen«, schrie er. »Es war in Bochum, gestern abend. Ein blutjunger Leutnant kommandierte die Militäreinheit, er befahl zu feuern, gerade, als die Menschen den Bahnhof verließen. Dann lag der Platz voller Toter!« Lily ging fassungslos ins Schloß zurück. Nicht lange Zeit später hörte man dort ein Geräusch wie ein fernes Prasseln von Hagelkörnern auf Glasscheiben: Gewehrsalven. Man ging vor das Tor, und alle blickten voller Sorge die öde Straße hinab. Nach Minuten erhob sich von ferne eine Staubwolke, und Menschen, die liefen, als wäre der Teufel ihnen auf den Fersen, kamen schnell näher, schreiende Frauen und Kinder. Lily von Kretschman blieb besonnen und stellte ruhig ihre Fragen. Und das war das Bild der Ereignisse, wie es aus den Berichten zu gewinnen war:

»Der Ton der Pfeifen und Trommeln hatte alles auf die Straße gelockt. Den Großen voran waren die Kinder jubelnd den einziehenden Soldaten entgegengelaufen, als ein barsches ›Platz da‹ ihres Führers, eines jungen Leutnants, die Freude in Furcht verwandelt hatte. Die Kinder verkrochen sich hinter den Großen, die Männer nahmen eine drohende Haltung an. ›Platz da‹, rief der Leutnant noch einmal, und die Soldaten trieben die Arbeiter und ihre Frauen gegen die Häuser. Da drängte sich eine Mutter mit dem Kleinsten an der Brust durch die Reihen, den Sohn suchend, ihren Mann brachten sie voriges Jahr tot aus der Grube. Man hörte den Offizier schreien: ›Immer die Augen auf den Feind halten!‹ ›Den Feind, damit meinte er uns!‹ riefen die Menschen durcheinander. Da war es aus mit der Ruhe bei den Knappen, sie drohten mit den Fäusten, sie schimpften, auch ein paar Steine flogen. Und dann schoß das Militär auf die Arbeiter und ihre Frauen. Die Mutter, die sich um ihren Sohn bemüht hatte, war die erste, die fiel, sie lag auf der Straße, die Haare voll Blut ...«

Lily hörte noch viele Augenzeugenberichte der Streikniederschlagung, und sie registrierte, daß kaum eine Stimme für die Zechenherren Partei ergriffen hatte. Die Empörung war allgemein, weil die Direktoren das Wort, das sie den Bergarbeitern, die auf ihre Versprechungen hin die Arbeit wiederaufnahmen, gegeben hatten, oft brachen. Andere Knappen wurden von den Beamten verhöhnt, als sie wieder einfahren wollten: »Habt ihr endlich Hunger genug?« hieß es.

In Hörde wurden Frauen und Kinder aus den werkseigenen Zechenhäusern vertrieben, weil sich dort die Arbeiter zum weiteren Ausstand entschlossen. Lily notierte den Satz: »Ich glaube, daß wir vor einer großen Umwälzung stehen. Die Macht des Kapitals muß gebrochen werden. Vor hundert Jahren hat die Revolution den Absolutismus und den Feudalismus gestürzt, sie waren dessen wert. Eine künftige Revolution wird den Kapitalismus vernichten ...«

Lily von Kretschman verfolgte anfänglich noch voller Hoffnung den Besuch einer Bergarbeiterdeputation beim Kaiser in Berlin. Schließlich erfuhr man das Ergebnis. Wilhelm II. hatte »taktisch geschickt« operiert. Er hatte sich die Wünsche der Arbeitervertreter angehört, nichts versprochen, sich leutselig als »Volkskönig« vorgestellt, dann jedoch, wie es für seine ganze Regierungszeit typisch werden sollte, gegenüber seinen ärmsten Untertanen »mit dem Säbel gerasselt«. Er ließ das Streikkomitee in Westfalen verhaften, den um Ausgleich bemühten Oberpräsidenten der Provinz absetzen und ernannte einen widerspruchslos Befehle ausführenden Höfling zum Nachfolger. Dieser ließ sich herab, dem General von Kretschman mitzuteilen, daß seine Kritik an den Grubenmagnaten »höheren Orts« sehr unangenehm aufgefallen war. Lilys Vater meinte sarkastisch: »Mich soll es nicht wundern, wenn wir in Preußen noch so weit kommen, vor jedem Geldsack auf dem Bauche zu rutschen ...« Wahrlich, ein prophetisches Wort, denn es sollte die Zeit kommen, da der Hohenzollernkaiser zum mächtigen Freund und Schutzherrn der Großindustriellen und Magnaten von Kohle, Eisen und Stahl wurde, zum wirklichen Repräsentanten der Mächtigen in seinem Reich.

Lily floh von jetzt an den Lärm der Gesellschaft. In der Stille fand sie eine Aufgabe, sie schrieb ihren ersten Essay:

»*Wider die Lüge.* Die Lüge ist der Anfang des Verderbens, ist das Verderben selbst. Alle Schäden, an denen unsere Zeit, an denen wir selber kranken, entspringen diesem Grundübel. Wir sprechen in volltönenden Phrasen von Wahrheit, und doch trennen uns von ihr tote Jahrhunderte. Denn die Wahrheit der Vergangenheit wird zur Lüge der Gegenwart. Wie ein

Verbrechen verstecken wir, was in die alten Formen und Formeln nicht passen will, und sehen nicht, daß es viel mehr Verbrechen ist, Formen und Formeln aufrechtzuerhalten. Wir beugen uns unter Gesetze, gegen die wir uns innerlich empören, und triumphieren, wenn wir schließlich selbst das Gefühl der Empörung unterdrückt haben. Und die Diener der Kirche und des Staates lehren uns, daß wir damit den Himmel erwerben.

Was ist Wahrheit? Zweifelnd und verzweifelnd flog diese Frage durch die Jahrtausende. Oft glich die Antwort einem Achselzucken, noch öfter dem Befehl eines Tyrannen, der jeden Widerspruch mit dem Beil des Henkers lohnt. Der Mohammedaner schwört auf den Koran, der Jude auf den Talmud, der Christ auf die Bibel. Und jeder, der ein neues Gedankengebäude gen Himmel türmt, sagt: das ist die Wahrheit. Gibt es eine Wahrheit? Eine unumstößliche, an der kein Steinchen sich lockert? Wir müssen wählen zwischen fremder Wahrheit und unserer Wahrheit. Wir werden zu Lügnern, wenn wir bequem und gedankenlos nach den fertigen Wahrheiten der anderen greifen. Wer wahr sein will, muß frei sein. Frei von den Ketten, in die Erziehung, Bildung, Tradition uns geschmiedet haben, frei von den Zauberbrillen, mit denen die Priester unser Augenlicht verdunkeln, frei von der Tracht der Lakaien, in die die Machthaber der Erde die Abhängigen zwingen. Was du nicht selbst erwarbst, nicht selber bist, das ist Lüge und Sklaverei. Die Erziehung ist wie eine eiserne Form, in die die weichen Kinderseelen hineingepreßt werden. Und sollte doch nur ein Stab sein zum Halt für das junge wachsende Bäumchen. Im Leben des Kindes bedeutet das ›Warum‹ die Geburt des Menschen. Die Erziehung schlägt es tot, kaum daß es die Glieder regt. Das Schulzuchthaus spannt in dasselbe Joch den Begabten und Unbegabten, den Phantasiereichen und den Nüchternen. Es stopft die Gehirne voll mit Namen, Zahlen und Regeln, und der beste Schüler ist, der rasch aufnimmt, der schlechteste, der sich grübelnd das Gehörte zu eigen machen will. Darüber stirbt das ›Warum‹, das Gehirn trocknet ein, das Herz verschrumpft, und an Stelle selbständigen Denkens, lebendiger Begeisterung für das Gute, Wahre und Schöne treten Geschichtstabellen, Bibelsprüche, Urteile über Welt und Menschen.

Ein gebildeter Mensch ist das Ziel der Erziehung. Herrlich! Wenn es wahr wäre. Bilden heißt, den gegebenen Stoff zur höchsten Vollkommenheit entwickeln. An Stelle des Seins die Täuschung setzen, ist das Zeichen unserer Bildung. Wer über alles mitredet, stets mit einem fertigen Urteil bei der Hand ist, selten bewundert, gilt als gebildet. Urteilsfähigkeit ist Kriterium der Bildung, aber doch nur dann, wenn das Urteil ein eigenes ist. Zu dieser Bildung aber ist der Weg lang und steil, und mißtrauisch sollte stets fertiges Urteil machen.

Wer wider die Lüge streiten will, muß die neue Wahrheit verkünden. Welches ist sie? Die Wahrheit von den Kindern zunächst: Das Ziel der Erziehung sei kein Lexikon, sondern ein freier Mensch. Wissen sei nicht Selbstzweck, sondern Mittel zu dem Zweck, das Leben reich, den Menschen stark zu machen. Töte kein ›Warum‹, locke es vielmehr hervor, wie der Gärtner durch sorgsame Pflege die jungen Triebe hervorlockt. Leite, meistere nicht. Wisse, daß deine Wahrheit nicht die des Kindes ist, daß du es lügen lehrst, wenn du sie ihm aufzwingst. Denke bis zu den letzten Konsequenzen, reiße nieder, was deinem Denken im Wege steht; selbst das Heiligste, das Unantastbare ist unheilig und ein Frevel, wenn es dem Gedanken zur Schranke wird ...«

Es mindert den Wert dieses Bekenntnisses, dieses Versuchs der jungen, ohne wissenschaftliche Anleitung ihr Selbststudium organisierenden Autorin nicht im geringsten, daß der Text Gedanken von Goethe, Darwin, Nietzsche und des Amerikaners Emerson aufgreift. Daß die eben dem Jungmädchenalter Entwachsene ohne akademische Bildung und ernsthafte Anleitung neue Wege und Ziele fern ihrer Herkunft und Konvention sucht, bleibt ungewöhnlich und bewundernswert. Gerade weil es ihr ernst war, ihren Bildungs- und Wissenshorizont zu erweitern und zu vertiefen, das Durchdachte auch niederzuschreiben, stellte sich nach der ersten Freude über den verfaßten Text bald eine tiefe Niedergeschlagenheit ein. Ein halbes Jahr nach dieser ersten Niederschrift, beim Versuch der Fortführung, wurde ihr klar, daß ihre Kenntnisse noch gering waren. Sie erkannte ihre Wissenslücken, empfand eine tiefe Verzweiflung angesichts des Mangels an naturwissenschaftlichen und philosophischen Grundkenntnissen. Ihr bisheriges Leben erschien ihr wertlos. Nächtelang saß Lily grübelnd am Schreibtisch und verzagte bei den Gedanken an die Zukunft, einer Zukunft, wie sie ihr beim Schreiben des ersten Essays vorgeschwebt haben mochte.

Der Sommer des Jahres 1889, Lily von Kretschman wurde vierundzwanzig Jahre alt, brachte viel mehr Unruhe, Sorgen und Krisen in ihr Leben, als es sich in der Auseinandersetzung mit den geistigen Fragen und Problemen, die ihr Text »Wider die Lüge« dokumentiert, nachweisen läßt. Wilhelm II. besuchte Münster, um von hier aus in das Kaisermanöver aufzubrechen, in dem die von General von Kretschman geführte Division eine wichtige militärische Aufgabe zu lösen hatte. Bei Minden, unterhalb der Porta Westfalica, waren die von Kretschman geführten Regimenter im Begriff, den markierten Manöverfeind zu schlagen. Der Kaiser griff persönlich ein, um eine Manöver-Niederlage des Gegners von Kretschman, der sein Günstling war, zu verhindern. Vermutlich erinnerte sich der nachtragende und aufbrausende junge Herrscher seiner eigenen Niederlage beim Manöver, zwei Jahre zuvor, die ihm unter den Augen des verehrten Großvaters, Wilhelm I., eine scharfe Manöverkritik des alten Kaisers eingetragen und zur Beförderung des siegreichen Manövergegners von Kretschman geführt hatte. Am Ende des Kaisermanövers stand die Entlassung des Generals von Kretschman aus dem militärischen Dienst, ein Abschied in Ungnade, völlig unerwartet und ungerecht, gegen den es im Militärstaat des preußischen Königs keinerlei Einspruchsrecht gab. »Der Wille des Königs ist oberstes Gesetz!« war das Motto des persönlichen Regiments Wilhelms II. Der Untertan, besonders wenn er den »bunten Rock« des Soldaten trug, hatte sich zu fügen. Der General und seine Familie mußten von nun an von einer schmalen Pension leben. Der großzügige Haushalt in Münster wurde aufgelöst. Vorübergehend fand die Familie im kleinen Bad Harzburg, in einer billigen Wohnung, eine bescheidene Unterkunft.

Lily erfährt nun – buchstäblich von einem Tag zum anderen –, was es heißt, das Bevorzugtenrecht zu verlieren. Freunde und Bekannte der Familie wenden sich ab, der hohe Rang, Einkünfte und gesellschaftliche Stellung sind verloren. Lilys Alltag verändert sich völlig. Sie muß im bescheiden finanzierten mütterlichen Haushalt helfen, schneidert und flickt Wäsche und unterrichtet mehrere Stunden täglich die kleine Schwester. Sie versucht während langer Spaziergänge durch den Harz, ihrem Vater Trost zuzusprechen. Innerlich sehnt sie sich nach Einsamkeit, es gibt auch Tage, da ist sie bedrückt, ja zeitweise fühlt sie sich wie gelähmt. Zweifellos hat sie das Erlebnis ihrer ersten leidenschaftlichen Liebesbeziehung weder vergessen noch überwunden. Im stillen hofft sie darauf, daß dieser Mann, der ihretwegen ja immerhin den Kampf mit seiner Familie begonnen hatte, vielleicht doch einen Weg findet, die offiziell »beglaubigte« Bindung einzugehen.

»Nun gebe ich mir Mühe, mich zu ändern, versuche mein Schicksal als eine Prüfung anzusehen, die vorübergeht, und sehe mit Entsetzen, daß ich keine Gewalt über mich habe. Ich kann mich nicht zu Interessen zwingen, die ich nicht habe, nicht ein Atom von allem, was mich früher freute und interessierte, hat mehr Reiz für mich. Mir ist, als wäre die Schwungkraft meines Geistes gelähmt. Wie furchtbar das ist, kann nur der begreifen, der es selbst durchmacht ...«, bekannte Lily ihrer Cousine.

Im Frühjahr 1890, kurz vor ihrem Tode, schrieb Lilys Großmutter Jenny von Gustedt aus dem fernen Ostpreußen einen Brief, der für die Enkelin bedeutungsvoll wurde. Aufgrund ihrer Lebenserfahrung empfiehlt sie Lily, liebevoll, aber sehr deutlich, nicht unbedingt auf die versprochene Erbschaft der reichen Augsburger Tante zu hoffen. Und auch vor der »Versorgungsehe« warnt die alte Dame mit bemerkenswerter Einsicht und Offenheit: »Eine Ehe ist nur selten ein Glück, am wenigsten eine solche, die im Ballsaal geschlossen wird. Dich hat Gott mit so vielen guten Gaben bedacht, daß Du auch außerhalb der natürlichen weiblichen Lebenssphäre einen Dich befriedigenden Lebensinhalt finden wirst. Der Rat, den ich Dir geben kann: stelle Dich auf Deine eigenen Füße! Über das ›Wie‹ zu entscheiden, wird Deine eigene Sache sein. An ein paar Beispiele möchte ich Dich erinnern: an Frau von W., die eine verwöhnte Frau gewesen ist. Ihr Mann verjubelte, was sie besaß, und mußte als unheilbar Gelähmter den Abschied nehmen, so daß ihr allein die Erhaltung der ganzen Familie zufiel. Sie setzte sich an den Schreibtisch und

Berlin – Stadtmitte um 1900
Unter den Linden – Friedrichstraßeneck,
die Repräsentationsstraßen der kaiserlichen Reichshauptstadt
*(Foto: Archiv für Kunst und Geschichte, Berlin)*

schrieb Romane, mit denen sie erwarb, was nötig war, um zu leben und ihre Kinder zu erziehen. Oder denke an die Gräfin B., deren Eltern starben, als ihre fünf Geschwister noch unmündige Kinder waren. Ihre gemalten Teller, ihre gebrannten Wappen und Ledereinbände findest Du jetzt in den Auslagen großer Berliner Geschäfte ...«

Wenige Wochen später war ihre Großmutter in Lablacken gestorben, und Lily betrachtete den letzten Brief als eine Art Testament, das sie immer wieder las. Ja, die alte Dame hatte ihr vernünftig geraten, aber die gegenwärtigen Aufgaben, ein »Hausmütterchen« zu sein und zu bleiben, konnten sie nicht ausfüllen. Ließ sich mit kunstgewerblichen Arbeiten, mit Malereien, Holz- und Brennarbeiten wirklich der Lebensunterhalt verdienen? Lily versuchte es. Doch die Hinterlassenschaft der Großmutter, die nicht aus Goldtalern und Erbkonten bestand, war für die Enkelin Lily wertvoller, als es zunächst den Anschein hatte: Aufzeichnungen, Briefe, Tagebuchblätter, Gedichte, kurz, eine reichhaltige Materialsammlung aus der Jugendzeit des Fräulein von Pappenheim, das in Weimar am Musenhof und in enger Beziehung zu Goethe und den Künstlern der späten Klassik aufgewachsen war. Lily be-

Berlin »N« und »O«
Wohnquartiere der Arbeiterfamilien im Norden und Osten der Stadt
*(Foto: Archiv für Kunst und Geschichte, Berlin)*

griff nicht sofort, welchen Schatz sie da in ihren Händen hielt. Vorerst ahnte sie nur, daß sie mit Hilfe dieses kulturhistorisch wichtigen Materials aus den versunkenen Jugendjahren ihrer Großmutter zu einer schriftstellerischen Auswertung angeregt werden könnte. Alle Gedanken, Überlegungen und Zukunftshoffnungen über neue Arbeitsmöglichkeiten wurden im Lauf des Jahres 1890 vorerst von einer väterlichen Entscheidung überschattet. Der pensionierte General entschloß sich, seinen Ruhesitz in Berlin zu nehmen. Im Herbst bezogen die Kretschmans eine Wohung in einem Neubaugebiet der Reichshauptstadt. In der Nähe des Zoologischen Gartens, am Wittenbergplatz, wo die Kartoffel- und Getreidefelder der Wilmersdorfer Bauern bis an die vierstöckigen neuen Mietskasernen reichten, begann Lilys neues Leben, von dessen schroffen Wendungen sie in der Stunde des Einzugs in das äußerlich herrschaftliche Haus nichts wußte. Aber ihre bereits vorhandene Distanz zum »Herrschaftsleben« kommt durch einen ironischen Brief an die Cousine zum Ausdruck: »Über den Türen tanzen Stuckamoretten mit verrenkten Armen und Beinen, die Öfen sind Prachtgebäude aus den buntesten Kacheln, der Salon weist eine imitierte Seidentapete auf,

Küche einer Berliner Arbeiterfamilie um die Jahrhundertwende

die der Wirt als ganz besonders ›vornehm‹ anpries. Das Herrenzimmer prunkt im papiernen Leder! Die nüchterne Wahrheit beginnt erst mit dem langen dunklen Korridor, an den sich drei Kammern – Schlafzimmer genannt – anlehnen. Eine davon bewohne ich. Es ist mir gelungen, sie mittels Vorhängen in zwei Räume zu verwandeln. die sich freilich beide mit einem Fenster begnügen müssen und von der Existenz des Himmels keine Ahnung haben, geschweige denn von der Sonne.«

Das ist die für das Wilhelminische Kaiserreich so typische Lebensform, die sich in der Darstellung der Wohnverhältnisse der verarmten Familie von Kretschman kundtut. Hinter pompösen Stuck- und Gipsfassaden mit dem Eingang »nur für Herrschaften« verbergen sich ein paar mit Imitationen »repräsentativ« hergerichtete Prunkräume. Aber schon die Schlafzimmer sind eigentlich nur »Kammern«, die zum engen Hof hinausgehen und den ganzen Tag über keinen Sonnenstrahl in die Wohnung lassen. Lily hat Sehnsucht nach Licht und Sonnenschein, sie schreibt sogar, daß ihr Denken und Fühlen ohne das strahlende Himmelselement einfrören. So muß sie, um arbeiten und sich konzentrieren zu können, das Haus verlassen. Auf dem damals noch öden Wittenbergplatz rennt sie förmlich ins Freie, auf den Feldwegen und am Wiesenrain läuft sie entlang, zieht die Luft in tiefen Zügen ein und freut sich der Natur im Sonnenlicht. Dann schmeckt ihr die Arbeit. Und wenn sie auch noch den mütterlichen Haushalt mit Schneidereien, Putzmacherei, Brenn- und Malarbeiten (die im Offiziersverein verkauft werden) unterstützt und der kleinen Schwester Unterricht erteilt, so findet sie doch die Zeit, sich an ihre ersten zur Veröffentlichung vorgesehenen Manuskripte heranzuwagen. Es ist das Thema »Goethe und die lebendige Klassik«, mit dem sich Lily beschäftigt und ernsthaft auseinandersetzt. Vor vielen Jahren war sie mit der Großmutter in Weimar, hatte das Goethe-Haus am Frauenplan besucht, lernte die letzten Erben der Familie Goethe kennen und jenen Kreis um den musischen Großherzog Carl Alexander, der sich um die Pflege der Kunsttradition der Klassik große Verdienste erwarb. Sie hatte bereits als

»Anmerkungen« an den Eingängen »vornehmer« Berliner Häuser während des Kaiserreiches
*(Foto: Archiv für Kunst und Geschichte, Berlin)*

Schülerin begonnen, Goethes Werk systematisch zu lesen, das kommt ihr jetzt zugute. Und in den nachgelassenen Aufzeichnungen der Großmutter findet sie weit mehr als nur Anregungen, es sind reiche Materialien, aus denen sie schöpfen kann. Bevor freundschaftliches Entgegenkommen des kunstsinnigen Weimarer Großherzogs, eines alten Freundes der Großmutter, ihr die Archive der Stadt öffnet, schreibt sie bereits für die Goethe-Zeitschrift. Ihr Artikel wird ein Erfolg. andere literarische Redaktionen bitten sie um Mitarbeit, man empfiehlt sie bekannten Schriftstellern, der Gedankenaustausch mit Julius Rodenberg und Rudolf Lindau beginnt. Immer widerwärtiger wird ihr der Dünkel der adligen Verwandtschaft, die sich allsonntags bei Kretschmans trifft – nichts als Borniertheit, Antisemitismus, Klatsch und Intrigen – immer mehr entfremdet sie sich der Familie.

Das Theater mit dem damals aufkommenden Naturalismus nimmt sie gefangen. Hat sie Ibsen, Strindberg, Zola und Dostojewski gelesen, jetzt sieht sie die aufwühlenden Stücke von Sudermann und Gerhart Hauptmann, die sich gegen anmaßende kaiserliche Kunst-Verdikte, gegen den Versuch, ihre Werke verbieten zu lassen, in der »Freien Bühne« ein eigenes Theater schufen. In jenen Tagen vertauscht Lily die Adelskrone auf ihren Briefbogen mit dem Wappenspruch: »Genüge dir selbst!« Dieses Wort ruft sie sich immer wieder ins Gedächtnis, und sie notiert sich das Goethe-Wort, wonach nur entschlossene Tätigkeit gegen Seelenleid alles vermag. Daß man sie nach Weimar einlud und sie hier in den Archiven arbeiten ließ, erfüllte sie mit Mut und Tatkraft. Dennoch muß sie auch hier erleben, daß die bürgerliche Literaturwelt vor allem dem Olympier Goethe verpflichtet ist und sein Werk durchaus nicht im Sinne einer realistischen Deutung zu interpretieren bereit ist. »Was würde der Große sagen, wenn er die heutige Entartung der Literatur erleben müßte!« äußerte ein angesehener Literaturkritiker im Gespräch mit Lily und schmähte den sie gerade zu jener Zeit besonders aufwühlenden Naturalismus eines Ibsen, Zola und anderer. Lily fühlte sich unsicher, ja zu naiv, um im Kreise von Literaturexperten eine eigene Auffassung zu vertreten. Dennoch begann sie zu widersprechen: »Ich glaube, niemand würde die Jungen besser verstehen und würdigen als Goethe.

Sein Werther, sein Wilhelm Meister, sein Faust und Gretchen vor allem mögen die meisten seiner Zeitgenossen durch ihre Wahrhaftigkeit nicht minder verletzt haben, als die Enthüllungen des äußeren und inneren Elends der Gegenwart sie heute verletzen. Mir scheint, Dichter und Künstler müssen uns die Wahrheit zeigen, wie sie ist, weil wir selber nicht den Mut haben, sie aus eigener Kraft zu sehen. Ich weiß, daß wir nicht weiter kommen, – der einzelne nicht und die Gesamtheit nicht –, solange wir uns scheuen, das Böse und Widerwärtige, das Häßliche und Schmerzhafte zu sehen, wie es ist. Erst daran erprobt sich die Lebenskraft. Kein größeres Zeichen der Dekadenz gibt es, als die Furcht vor dem Schmerz ...«

Fleißig saß sie in einem Seitenflügel des Weimarer Schlosses über Goethes Briefwechsel. Jeden Wunsch erfüllten ihr die Archivare, höflich und korrekt begegneten ihr die Philologen, die viele Jahrzehnte die Schätze des Dichterfürsten hüteten, die Literaturarsenale der Klassik sichteten und verwalteten. Doch während Lily tagelang die Briefe Goethes las und Manuskripte auswählte, begriff sie, daß ihre Lebensaufgabe nicht die Archivararbeit sein konnte, daß sie auf die Dauer nicht über ein Zeitalter publizieren wollte, das vor achtzig Jahren seinen Höhepunkt hatte. Und war sie auf den Empfängen des Großherzogs im Stadtschloß oder draußen vor der Stadt, in Tiefurt oder im Belvedere, dann mißfiel ihr die Subalternität der Goethe-Forscher dem Fürsten gegenüber. Ja, der alte Großherzog verdiente Anerkennung und Verehrung, das bestritt sie nicht. Doch in eine geistige Gesellschaft aufgenommen zu werden, in der eigenes Arbeiten und kritisches Forschen zurückzutreten hatten gegenüber der Gnade des Fürsten, dem sich hier alle beugten, das war gegen ihre Natur. »Ich sah mit wachsendem Mißvergnügen, wie tief all die Männer der Kunst und Wissenschaft die grauen Köpfe vor dem Fürsten neigten, wie sie erwartungsvoll, stumm und aufgeregt in Reih und Glied standen, ein Ausdruck von Beglükkung das Gesicht jedes einzelnen belebte, wenn der Großherzog ein paar nichtssagende Worte an ihn richtete. Ich wurde mißtrauisch gegen jeden, der mich zuvorkommend behandelte.«

Mit sich selbst unzufrieden, im stillen mit sich streitend, ob sie es sich erlauben könne, die ihr hier angebotene glänzende Zukunft auszuschlagen, saß sie eines Abends im Theater und sah Goethes »Faust«. Und von der Bühne erhielt sie die Antwort: »Acht Wochen hatte ich in Goethes Stadt gelebt, hatte täglich die Luft geatmet, die droben im Archiv sein Lebenswerk in seinen Schriften umgab, und nun plötzlich sprach er selbst, und – ich kannte ihn nicht! Als hätte ich sie niemals gelesen, niemals auswendig gewußt, trafen seine Worte mein Ohr: lauter grelle Blitze, die das Dunkel erhellten. Das war des Menschen Schicksal, das an mir vorüberrollte. Mein eigenes kleines Leben sah ich darin verflochten mit seinen Kämpfen und Niederlagen. Und vor einer Niederlage stand ich nun wieder. ›Nur der verdient sich Freiheit wie das Leben, der täglich sie erobern muß‹, dröhnte es mir in den Ohren ...«

Am nächsten Morgen verließ Lily von Kretschman Weimar. Sie wußte, daß die Hofluft sie ersticken würde. Ihr Dasein forderte Teilnahme an der Gegenwart, sie wollte mitwirken am tätigen Leben, helfen, daß neue Ideen Wirklichkeit wurden. Unbewußt noch, wo ihre Aufgabe liegen würde, aber sich dessen bewußt, daß sie handeln wollte ganz im Sinne des Goetheschen Textes, den sie am Vorabend im Weimarer Theater gehört hatte: »Solch ein Gewimmel möcht' ich sehn – auf freiem Grund mit freiem Volke stehen ...«

## 3. Wegsuche

Wieder in Berlin, begegnete ihr bei einem der täglichen Nachmittagsausflüge in den nahen Zoologischen Garten der Mann, der Lily von Kretschman den letzten Anstoß gab, ein gänzlich neues Leben zu beginnen. Es war einer jener seltsamen Zufälle, die für den betroffenen Menschen unerwartete Folgen zeitigen. Der Mann, dem sie auf der »Läster-Allee« im Park des Berliner Zoos vorgestellt wurde, saß im Rollstuhl und war verkrüppelt. Doch was Lily von Kretschman bei der von einem Verwandten unlustig vorgenommenen Vorstellung faszinierte, waren die strahlenden, gütigen Augen des Mannes. Es handelte sich um einen Gelehrten, Professor Georg von Gizycki, Philosoph und Sozialethiker, mit dem sie sogleich in ein ernstes Gespräch eintrat. »Sie sind Schriftstellerin? Dann freue ich mich doppelt Ihrer Bekanntschaft«, äußerte er. »Jede arbeitende Frau ist ein Gewinn für unsere Gesellschaft.« Lily entgegnete voller Skepsis: »Auch ein Gewinn für die Kunst und Wissenschaft?« Gizyckis Antwort war knapp und traf ins Schwarze: »Gewiß! Sobald alle Universitäten und Akademien ihnen offenstehen wie den Männern!« Waren die beiden Menschen innerlich einsam, so hatten sie doch genug Gesprächsstoff, der sich aus dem politischen Engagement des Sozialethikers genauso ergab wie aus den unzähligen Fragen, die Lily in ihrer Lebenskrise bedrängten. Gizycki war feinfühlig genug, auf die gerade in Arbeit befindliche Goethe-Korrespondenz einzugehen: »Wie viele große, gute und gefährlich umstürzlerische Ideen können Sie einschmuggeln, wenn Sie nur Ihren Goethe tüchtig ausnutzen. Die vielen kleinen Flämmchen, die Sie entzünden, schlagen schließlich zu einer großen Flamme zusammen!«

Man sah sich bald häufiger. Der Professor führte Lily fast unmerklich zu einem Thema, das sie brennend interessierte, das der Gleichberechtigung der Frauen in Gesellschaft, Politik und Wirtschaft. Sie las auf seinen Rat Neuerscheinungen aus den USA und England. Gizycki erläuterte auf Lilys Fragen, daß allein das Ausmaß des Leidens der Frauen ihnen die Berechtigung gäbe, gegen die Unfreiheit und erzwungene Unmündigkeit zu kämpfen: »Wer am meisten leidet, sollte die weitestgehenden Rechte haben, um die Ursachen seiner Leiden zu beseitigen. Meinen Sie nicht, daß die Frauen in diesem Fall in erster Linie stünden?« Lily erinnerte sich an das Arbeiterinnenelend in Augsburg, die Eindrücke vom Bergarbeiterstreik an der Ruhr waren noch frisch im Gedächtnis, vor allem jedoch dachte sie daran, wie es selbst einem Mädchen der adligen Welt unmöglich gemacht wurde, seinen Geist zu schulen und systematisch auszubilden.

Dankbar ließ sie sich von Gizycki Literatur und Zeitschriften geben. Schon an einem der nächsten Abende, sie las erstmalig in ihrem Leben sozialistische Publikationen, hatte sie einen Zusammenstoß mit ihrem Vater, der noch spät ihr Zimmer betrat. Zornig fragte er, als er die Zeitschriften und Broschüren sah: »Was für ein Schuft hat dir diese Zeitung in die Hände geschmuggelt?« Er war fassungslos und wollte mit dem Beschmutzer seiner Offiziersehre abrechnen. »Von den Leuten, die das Vaterland verraten, den Meineid predigen und den Fürstenmord, darf meine Tochter nicht einmal einen Fetzen Papier in Händen haben!«

Bereits nach dem ersten Besuch in Gizyckis Wohnung, wo sie dem kranken Mann aus ihrem ersten schriftstellerischen Versuch »Wider die Lüge« vorgelesen hatte, kam es im Elternhaus zu scharfer Mißbilligung des Umgangs mit einem Atheisten. »Du wirst deinen Verkehr mit dem Professor beschränken müssen. Ich erfuhr, daß er einer der gefährlichsten Kathedersozialisten ist«, sagte der Vater. Und Frau von Kretschman fügte zornig hinzu: »Ein Atheist ist ein Verbrecher!«

Lily beugte sich diesen Weisungen nicht. Im Gegenteil, bereits am folgenden Tag besuchte sie den Gelehrten erneut und las ihm aus ihren eigenen Texten vor, die Gizycki mit Verständnis aufnahm. Er bot ihr seine Bibliothek zum Studium an und erklärte sich bereit, systematisch mit Lily zu arbeiten, sie in sozialethische Werke, in die Philosophie und Psychologie einzuführen. Dabei störte es Lily nicht, daß der Professor in einer ärmlichen Hinterhauswohnung in der Nettelbeckstraße wohnte. Immerhin hatte er den Vorteil, auf die noch nicht verbaute Hinterfront ins Grüne zu schauen, von hier aus waren noch Gärten und Felder zu sehen. Ihren Eltern log sie nichts vor. Es kam zu einem wilden Zornesausbruch, doch Lily bekannte sich zu ihrer Entscheidung: »Ich bin sechsundzwanzig Jahre alt. Wäre ich euer Sohn, statt eure Tochter, ihr würdet es selbstverständlich finden, wenn ich meine eigenen Wege ginge. Ich kann nicht denken wie ihr, und ich bin außerstande, nichts als eine Haustochter zu sein. Paßt euch der Verkehr nicht, der mir notwendig ist, wollt ihr euch nicht mit mir identifizieren – so laßt mich in Frieden meiner Wege gehen – gebt mir freiwillig die Freiheit!«

Noch verließ Lily die Wohnung der Eltern nicht, es kam zu einem Kompromiß. Aber Mißstimmung und sogar Feindseligkeit wollten nicht mehr weichen, und es konnte nur noch eine Frage weniger Monate sein, bis Lily auch den letzten Schritt tat. Im Zusammensein mit Gizycki begann für sie eine produktive Zeit des gemeinsamen Lernens und des täglichen Gedankenaustauschs. Der Professor bereitete die Gründung einer »Ethischen Gesellschaft« für Deutschland vor, die bereits in anderen europäischen Ländern bestand. Mit ihr sollte ein geistig neutraler Boden geschaffen werden, auf dem Menschen mit unterschiedlichsten Auffassungen freimütig zu diskutieren vermochten. Die Gesellschaft wollte jedermanns Glauben und politische Anschauungen respektieren, sofern man darin einig war, das größte Glück der größten Zahl von Menschen zu fördern. Auf dieser Grundlage, so sah es die Satzung des Vereins vor, wollte man gemeinschaftlich Gesetzesvorlagen diskutieren und Vorschläge an die Regierung leiten. »Nicht eine Macht außer dir führt die Menschen, du selbst trägst die Verantwortung. Nicht auf ein fabelhaftes zukünftiges Leben, von dem wir nichts wissen, vertröstet Gott die Armen und Elenden, sondern du selbst hast für den Staat der Zukunft zu kämpfen«, notierte sich Lily ihre Interpretation des ethischen Gedankens. Professor von Gizycki sagte ihr offen, daß es sich nicht um eine Gesellschaft handele, die einem Selbstzweck diene. »Ethik wollen wir verbreiten, und in dieser Ethik ruht die Kraft der Wahrhaftigkeit, die allmählich alle alten Gespenster austreiben wird. Für mich ist die Hauptaufgabe der ethischen Gesellschaft nicht die, für Gerade und Krumme ein gleichmäßiges passendes moralisches Mäntelchen zuzuschneiden, sondern im Dienst der sittlichen und sozialen Entwicklung dem Antichristentum und dem Sozialismus die Wege zu bereiten.«

Lily erschrak. Der Sozialismus – gleich einem Gespenst tauchte er vor ihr auf. Da waren die schwindsüchtigen Frauen und Kinder, die früh alt und verbraucht, krank und deformiert in dunklen Kellerwohnungen oder armseligen Katen vegetierten, da sah sie im Geist die Arbeiter vor sich, die ihre Hämmer und Schaufeln drohend erhoben. Sie wollte ihnen allen helfen, aber sich in diesen Zug einreihen? Sie blickte den Intellektuellen im Rollstuhl an und sagte zögernd: »Sie müssen Geduld mit mir haben! Was weiß ich im Grunde genommen vom Sozialismus?« Der Professor griff in seine Bücherregale und suchte mehrere Titel aus. »Da, nehmen Sie das mit, lesen Sie in Ruhe, wir sprechen dann darüber. Ich selbst bin zu der Überzeugung gelangt, daß die Entwicklung zum Sozialismus eine gesetzmäßige ist. Nachdem ich das erkannte, konnte es für mich von meinem ethischen Standpunkt aus keine andere Wahl geben als die, mich in den Dienst der Entwicklung zu stellen.«

Worte und Bekenntnisse, die bei Lily von Kretschman auf fruchtbaren Boden fielen. Die nächsten Wochen las sie die Nächte hindurch. Sätze, die zugleich Analyse und Programm waren, wie sie vor mehr als vierzig Jahren Karl Marx und Friedrich Engels unter dem Titel eines Manifestes der Kommunistischen Partei veröffentlicht hatten, las sie nicht nur mit Interesse und Anteilnahme. Ihre Kämpfernatur regte sich, denn sie entdeckte, daß hier nahezu alle Fragen, mit denen sie sich seit den Begegnungen mit der Augsburger Proletarierin vor zehn Jahren hilflos beschäftigt hatte, eine ökonomisch und historisch begründete Antwort fanden.

*»Die Geschichte aller bisherigen Gesellschaft ist die Geschichte von Klassenkämpfen. Freier und Sklave, Patrizier und Plebejer, Baron und Leibeigener, Zunftbürger und Gesell, kurz, Unterdrücker und Unterdrückte standen in stetem Gegensatz zueinander, führten einen ununterbrochenen, bald versteckten, bald offenen Kampf, einen Kampf, der jedesmal mit einer revolutionären Umgestaltung der ganzen Gesellschaft endete oder mit dem gemeinsamen Untergang der kämpfenden Klassen. Unsere Epoche, die Epoche der Bour-*

*geoisie, zeichnet sich jedoch dadurch aus, daß sie die Klassengegensätze vereinfacht hat. Die ganze Gesellschaft spaltet sich mehr und mehr in zwei große feindliche Lager, in zwei große, einander direkt gegenüberstehende Klassen: Bourgeoisie und Proletariat ...*

*Die Bourgeoisie, wo sie zur Herrschaft gekommen, hat alle feudalen, patriarchalischen, idyllischen Verhältnisse zerstört. Sie hat die buntscheckigen Feudalbande, die den Menschen an seinen natürlichen Vorgesetzten knüpften, unbarmherzig zerrissen und kein anderes Band zwischen Mensch und Mensch übriggelassen als das nackte Interesse, als die gefühllose ›bare Zahlung‹. Sie hat die heiligen Schauer der frommen Schwärmerei, der ritterlichen Begeisterung, der spießbürgerlichen Wehmut in dem eiskalten Wasser egoistischer Berechnung ertränkt. Sie hat die persönliche Würde in den Tauschwert aufgelöst und an die Stelle der zahllosen verbrieften und wohlerworbenen Freiheiten die eine gewissenlose Handelsfreiheit gesetzt. Sie hat mit einem Wort an die Stelle der mit religiösen und politischen Illusionen verhüllten Ausbeutung die offene, unverschämte, direkte dürre Ausbeutung gesetzt. Die Bourgeoisie hat alle bisher ehrwürdigen und mit frommer Scheu betrachteten Tätigkeiten ihres Heiligenscheins entkleidet. Sie hat den Arzt, den Juristen, den Pfaffen, den Poeten, den Mann der Wissenschaft in ihre bezahlten Lohnarbeiter verwandelt. Die Bourgeoisie hat dem Familienverhältnis seinen rührend-sentimentalen Schleier abgerissen und es auf ein reines Geldverhältnis zurückgeführt ... Die Waffen, womit die Bourgeoisie den Feudalismus zu Boden geschlagen hat, richten sich jetzt gegen die Bourgeoisie selbst. Aber die Bourgeoisie hat nicht nur die Waffen geschmiedet, die ihr den Tod bringen; sie hat auch die Männer gezeugt, die diese Waffen führen werden – die modernen Arbeiter, die Proletarier ...*

*In Zeiten endlich, wo der Klassenkampf sich der Entscheidung nähert, nimmt der Auflösungsprozeß innerhalb der herrschenden Klasse, innerhalb der ganzen alten Gesellschaft einen so heftigen, so grellen Charakter an, daß ein kleiner Teil der herrschenden Klasse sich von ihr lossagt und sich der revolutionären Klasse anschließt, der Klasse, welche die Zukunft in ihren Händen trägt. Wie daher früher ein Teil des Adels zur Bourgeoisie überging, so geht jetzt ein Teil der Bourgeoisie zum Proletariat über ... Von allen Klassen, welche heutzutage der Bourgeoisie gegenüberstehen, ist nur das Proletariat eine wirklich revolutionäre Klasse. Die übrigen Klassen verkommen und gehen unter mit der großen Industrie, das Proletariat ist ihr eigenstes Produkt ... Alle bisherigen Bewegungen waren Bewegungen von Minoritäten oder im Interesse von Minoritäten. Die proletarische Bewegung ist die selbständige Bewegung der ungeheuren Mehrzahl. Mögen die herrschenden Klassen vor einer kommunistischen Revolution zittern. Die Proletarier haben nichts in ihr zu verlieren als ihre Ketten. Sie haben eine Welt zu gewinnen. Proletarier aller Länder, vereinigt euch!«*

Lily von Kretschman war in der Lage, vieles, was bei Marx und Engels trotz der verkürzten programmatischen Formulierungen immer wieder auf wirtschaftshistorische Analysen verweist, aus zehn Jahren eigenen kritischen Nachdenkens zu bejahen. Die signalhaft wirkende Sprache der Autoren, die vor vierzig Jahren bei der Abfassung ihres Textes nicht wesentlich älter gewesen waren als sie heute, mußte sie, die erste eigene publizistische Versuche hinter sich hatte, gleich einem Fanfarenton innerlich aufrütteln. Sie gab sich nach der Lektüre Rechenschaft: »Bei jedem Umschlagen einer Seite erwartete ich das Gräßliche zu finden, das so vielen Menschen das Recht gab, den Sozialismus zu verabscheuen und mit allen Mitteln zu bekämpfen. Aber ich fand es nicht. Nichts entsetzte mich, und wenn ich überrascht war, so nur über die Selbstverständlichkeit jeder Kritik am Bestehenden und jeder Forderung an die Zukunft. Oft lachte ich im stillen vor Freude, wenn ich eigene, längst vertraute Ideen wiederfand; und wo meine Gedanken nicht schritthalten konnten, sagte mein Gefühl ja, und tausendmal ja. Gleiche Rechte für alle, Männer und Frauen; Freiheit der Überzeugung; Sicherung der Existenz; Frieden der Völker; Kunst, Wissenschaft, Natur ein Gemeingut aller; Arbeit eine Pflicht für alle; freie Entwicklung der Persönlichkeit, ungehemmt durch Fesseln der Kaste, der Rasse, des Geschlechts, des Vermögens – wie konnte irgend jemand, der nur über seine nächsten vier Wände hinausdachte, sich der Richtigkeit und Notwendigkeit dieser Forderungen verschließen? Ich sah, daß die vielverlästerte und mir immer lächerlich erschienene Forderung nach der Verteilung allen Besitzes in Wirklichkeit nicht vorhanden war, daß nur der Grund und Boden, der seine privaten Besitzer reich machte, ohne daß sie arbeiteten, und die Produktionsmittel der Industrie, durch die ihre Eigentümer zu Millionären wurden und ihre Arbeiter zu abhängigen Sklaven, in den Besitz der Allgemeinheit übergehen sollten. Dabei konnten wir alle nur gewinnen, wir vielen, die wir doch auch nichts als Besitzlose waren!«

Lily, die zu starken Gefühlen fähig war und keine Entscheidung ihres Lebens nur rational begründet zu treffen vermochte, hatte das große Glück, in der geistigen Freundschaft zu Georg von Gizycki einen akademisch gebildeten Lehrer zu finden, der zweifellos die innerlich gereifte junge Frau viel

»Was? Der Mensch ist Sozialdemokrat und sieht doch so anständig aus?« Karikatur um die Jahrhundertwende

mehr als nur achtete – Gizycki liebte Lily von Kretschman. Das Vertrauen zwischen beiden wuchs durch den ständig enger werdenden Kontakt. Tatsächlich gab Gizycki der Freundin täglich Privatunterricht. Vormittags widmeten sie sich der Philosophie, nachmittags wurde Geschichte, Politik und moderne Literatur durchgesprochen. Die philosophischen Interessen der Studierenden traten im Lauf der Zeit stark gegenüber allen Problemen der Sozialpolitik zurück. Löhne und Lebensmittelpreise, Arbeits- und Existenzbedingungen des Proletariats blieben nicht mehr dürres Zahlenmaterial. Gizycki verstand es, Lily zu ermutigen, wenn die Fülle des Stoffes sie gelegentlich ermüdete.

Am Beispiel aktueller politischer Themen, etwa den Kosten der Rüstungslasten, die eine neue Militärvorlage der Regierung von den arbeitenden Menschen forderte, führte er sie zu den Tagesaufgaben zurück. Für ihn, den Intellektuellen, der im Sozialismus vor allem die Verwirklichung der Ideale menschlicher Brüderlichkeit sah, war die Arbeit in der ethischen Gesellschaft zur Gewinnung anderer idealistisch denkender Menschen eine ernste und verpflichtende Aufgabe. Lily nahm aktiv an der Gründung und Aufbauarbeit der Gesellschaft teil. Überall da, wo der Professor, der ja aufgrund seiner Krankheit an den Rollstuhl gefesselt war, nicht selbst erscheinen konnte, trat Lily von Kretschman auf. Schließlich gab die Gesellschaft ein eigenes Journal heraus, und Lily erhielt ein bescheidenes Gehalt ausbezahlt, nachdem sie – beraten von Georg von Gizycki – die Redakteursstelle übernommen hatte.

Die Beziehungen der beiden Menschen, die sich über einer gemeinsamen Aufgabe gefunden hatten, blieben nicht nur freundschaftlich. Zwar war durch die schwere Krankheit Gizyckis der Verbindung eine Schranke gesetzt, doch erkannten beide, daß ihre tiefe und ungewöhnlich produktive geistig-seelische Verbundenheit eine Ehe sinnvoll erscheinen ließ. Denn immer mehr lehnte sich Lily, nach dem nicht zu vermeidenden Bruch mit ihrem Elternhaus, an den Freund und Geisteskameraden innerlich an. Und der vereinsamte Gelehrte, der bis zu ihrem Tode jahrelang mit seiner Mutter zusammengelebt hatte, sehnte sich nicht nur nach menschlicher Wärme und Nähe, sondern war selbst imstande, seelischen Rat und moralische Hilfe im reichen Maß zu geben. Achtundzwanzigjährig ist Lily, als sie Georg von Gizyckis Frau wird und zu ihm in die kleine Hinterhauswohnung in die Nettelbeckstraße unweit des Wittenbergplatzes zieht. Schon ein Jahr zuvor hatte sie ihrem späteren Mann einen das gegenseitige Verhältnis charakterisierenden Brief geschrieben: »Alles was aus mir geworden ist, haben Sie aus mir gemacht. Sie können es nicht ermessen, was es für einen Menschen heißt, der plötzlich er selbst sein darf, der das Licht des Tages nicht mehr zu scheuen braucht, der nicht mehr verdammt oder ausgelacht wird. Ich habe fast nie gewagt, mit jemandem über das mich am tiefsten Berührende zu sprechen. Sie haben mir eine neue Welt erschlossen, Sie haben meinen Mut, meine Kraft und meine Lebensfreude gestärkt. Ich brauche Ihnen wohl kaum zu sagen, daß das Leben mir ein harter Schulmeister war, und doch dank ich's ihm, denn sonst wäre ich heute nicht da, wo ich jetzt bin. Goethe hat mich am meisten beeinflußt und mir über manchen Berg geholfen, aber ein lebendiger Mensch, der mich als Menschen, nicht als unwissende Frau behandelte, mußte von ganz anderem höheren Einfluß sein und ist mir mit Ihnen zum ersten Mal begegnet ...«

Lily von Gizycki und ihr Mann führen ein arbeitsreiches und äußerlich eingeschränktes, ja fast dürftiges Leben. Allerdings entsprach die neue Lebensform durchaus einer seit Jahren sich herausbildenen inneren Wandlung der jungen Frau. Ihre Briefe, Tagebuchnotizen und Aufzeichnungen über ein Jahrzehnt hinweg belegen deutlich, daß ihre Erkenntnisse und die folgenden Denkprozesse zum entschiedenen Handeln drängen. Das bisherige Dasein, das ihr immer sinnentleerter, ja drohnenhafter erschien, ließ ihr eine würdige und der Menschheit dienende Existenz notwendig erscheinen. Daß dies in ihrer Jugend auch einmal anders war und daß sie sich durch »frivoles« Auftreten innerhalb der adligen Gesellschaft über viele Jahre hinweg hervorgetan hatte, wer wäre berechtigt gewesen, ihr das vorzuhalten? Doch alle Vergnügungslust und die häufige Teilnahme an den Geselligkeiten der Adelskreise, in Offizierskasinos und den Schlössern der Residenzen füllten sie auf die Dauer nicht aus. Als sie sich mit dem schwersten Erlebnis ihrer Jugend, dem Scheitern der großen, leidenschaftlichen Liebe zu einem Mann der »höheren Kaste«, auseinandersetzen mußte, fand sie allmählich die Kraft, ernsthaft eine Anti-Position zu der als ungerecht und unmenschlich begriffenen Welt des überlebten Feudalismus zu beziehen. Die unerwartete Entlassung ihres Vaters aus einer hohen Stellung des preußischen Militärstaates konnte diesen Prozeß nur beschleunigen, und die Begegnung mit dem »Kathedersozialisten« von Gizycki half ihr endgültig, eine Bilanz zu ziehen. Wenn sie nun, noch nicht dreißig Jahre alt, das Tischtuch zwischen sich und der »herrschenden Klasse« zerschnitt, um ihrer neuen Zielsetzung willen, dann zog sie mit bewunderungswürdigem Mut nur die Konsequenzen aus Erkenntnissen, die sie schon fünf Jahre zuvor – noch in der Welt der Reichen äußerlich geborgen – niedergeschrieben hatte: »Wir müssen wählen zwischen fremder Wahrheit und unserer Wahrheit. Wir werden zu Lügnern, wenn wir bequem und gedankenlos nach den fertigen Wahrheiten der anderen greifen. Wer wahr sein will, muß frei sein. Frei von den Ketten, in die Erziehung, Bildung und Tradition uns geschmiedet haben ...«

Die Arbeit ersetzte ihr den höfischen Ballsaal, der Einsatz für soziale und politische Gerechtigkeit für die Unterprivilegierten, die im Kaiserreich entmündigten Frauen und Arbeiter trat an die Stelle läppischer Gesellschaften, Tänze, Reitspiele und Flirts. Der Kampf an der Seite des verehrten und geliebten Mannes wurde zur täglichen Aufgabe, ihr gemeinsam angestrebtes Ziel ließ sie die äußerst bescheidenen Lebensumstände kaum wahrnehmen.

»Ich stehe jetzt auf dem Standpunkt, mich im Angesicht all des grenzenlosen Elends um mich her jedes Luxusgegenstandes zu schämen, der nicht auf irgendeine Weise dem Wohl der Menschheit zugute kommt. Wohl erfreue ich mich noch an Kunst jeder Art, aber ich scheue mich, Zeit und Geld darauf zu verwenden. Wissenschaftlichen Untersuchungen à la Goethe-Jahrbuch und dergleichen vermag ich gar keinen Geschmack mehr abzugewinnen ...«, schrieb sie damals, und sie meinte es ohne Zweifel ernst. Man versetzt sich heute nur schwer in jene Zeit, da bereits der ein polizeilich zu beobachtender »Umstürzler« war, der es wagte, sich für die Gleichberechtigung der Frau einzusetzen. Für unsere Zeit ist es – relativ – selbstverständlich, Frauen als Abgeordnete, Bürgermeister oder Minister zu erleben. Um 1890 hatten Frauen in Deutschland nicht einmal das Vereinsrecht, geschweige konnte vom passiven oder aktiven Wahlrecht auch nur die Rede sein. In Preußen, dem größten deutschen Staat, galt bis 1908 eine Verordnung, die politischen Vereinen untersagte, Schüler, Lehrlinge und »Frauenspersonen« aufzunehmen. Wörtlich hieß es in dieser königlich-preußischen Order: »Auch dürfen solche Personen nicht an Versammlungen und Sitzungen teilnehmen, bei denen politische Gegenstände verhandelt werden.« Damit war im weitaus größten Teil des Deutschen Reiches und in der Reichshauptstadt Berlin jede Tätigkeit von Frauen im öffentlichen Leben verboten. In erster Linie waren davon die Arbeiterinnen betroffen, da sie nicht an den Versammlungen der sozialdemokratischen Partei teilnehmen durften, die sich als einzige Partei für ihre Rechte einsetzte. 1886 schritt der Berliner Polizeipräsident gegen den »Verein zur Vertretung der Interessen der Arbeiterinnen« energisch mit einem Verbot ein. Das Gericht, das der Polizeipräsident angerufen hatte, berief sich in seinem Urteil ausdrücklich auf folgende »gefährliche« Vortragsthemen der Vereinigung: »Die Einführung der Sonntagsruhe«, »Über getrennte Arbeitsräume für Arbeiterinnen«, »Die Einführung des Normalarbeitstages durch den Staat«. Referate für einen Frauenbildungsverein: »Über die Nervenschwäche«, »Vom Vorzug der Frauenkleidung« führten ebenfalls zum Verbot. Noch 1901 untersagten die preußischen Behörden dem evangelisch-sozialen Kongreß in Braunschweig die Teilnahme von Frauen. Im Reich Kaiser Wilhelms II. wollte nach einem Wort der bürgerlichen Frauenvorkämpferin Helene Lange der Monarch das Reich der Frau mit den Begriffen Kirche, Küche und Kindergarten umgrenzen. Die bestehende Welt war eine Männerwelt, und es war kein Zufall, daß der Sozialist von Gizycki bereits im ersten Gespräch mit Lily auf die Unterdrückung der Frauen als eines der offenbarsten Unrechte der damaligen Gesellschaft hingewiesen hatte. Allerdings hatten nicht alle, die von der Emanzipation der Frauen oder von ihrer Befreiung redeten, das gleiche Ziel. Mancher wollte lediglich den Frauen Zugang zu den gleichen Bildungsmöglichkeiten eröffnen. Einsichtigere bemühten sich auch

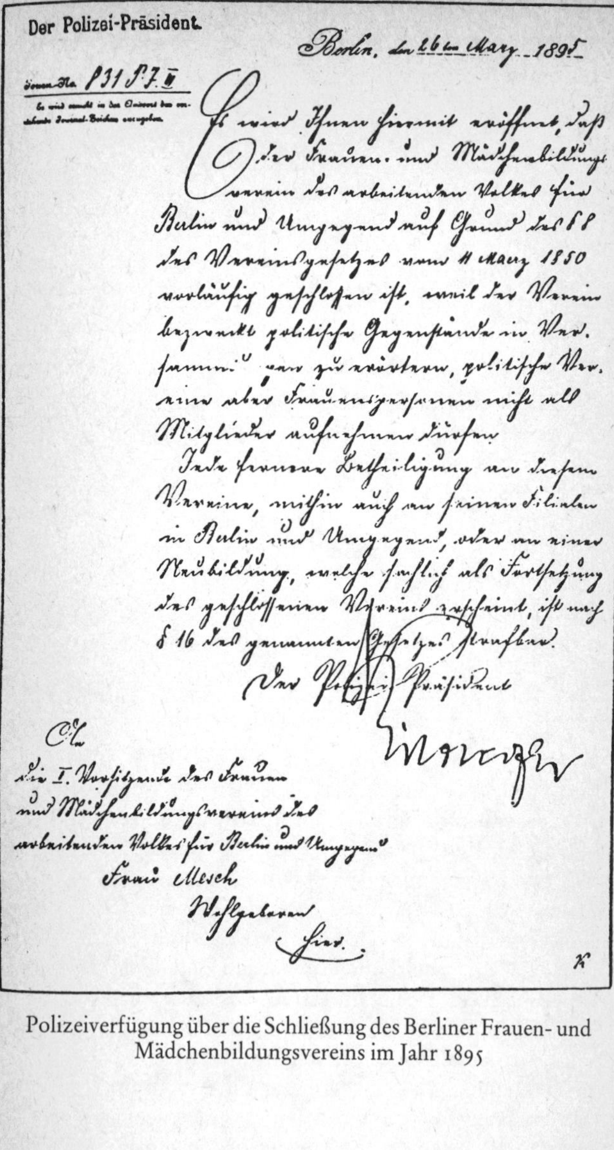
Der Polizei-Präsident.

Berlin, den 26ten März 1895.

Journal-No 831 P.F. II

Es wird ersucht in der Antwort das vorstehende Journal-Zeichen anzugeben.

Es wird Ihnen hiermit eröffnet, daß der Frauen- und Mädchenbildungsverein des arbeitenden Volkes für Berlin und Umgegend auf Grund des § 8 des Vereinsgesetzes vom 11. März 1850 vorläufig geschlossen ist, weil der Verein bezweckt politische Gegenstände in Versammlungen zu erörtern, politische Vereine aber Frauenspersonen nicht als Mitglieder aufnehmen dürfen.

Jede fernere Betheiligung an diesem Vereine, mithin auch an seinen Filialen in Berlin und Umgegend, oder an einer Neubildung, welche sachlich als Fortsetzung des geschlossenen Vereins erscheint, ist nach § 16 des genannten Gesetzes strafbar.

Der Polizei-Präsident

[illegible]

An

die I. Vorsitzende des Frauen- und Mädchenbildungsvereins des arbeitenden Volkes für Berlin und Umgegend

Frau Mesch

Wohlgeboren

hier.

K

Polizeiverfügung über die Schließung des Berliner Frauen- und Mädchenbildungsvereins im Jahr 1895 um günstigere wirtschaftliche Arbeits- und Aufstiegsbedingungen. Nur die wenigsten Vorkämpfer für die Gleichberechtigung stritten etwa für die volle politische Befreiung der Frau und für die Zuerkennung des aktiven und passiven Wahlrechts. Das von der »gebildeten Welt« geachtete und gelesene Lexikon des Brockhaus-Verlages gab den Zeitgeist zutreffend wieder, wenn es 1877 schrieb: »Das Stimmrecht der Weiber entspricht weder den richtigen Rechtsbegriffen noch denen des Staates und der Familie.« Selbst in der Sozialdemokratischen Partei gab es Gegner des Frauenwahlrechts, die dafür als Grund anführten, Frauen besäßen keine politische Bildung. Doch Wilhelm Liebknecht, einer der bedeutendsten Führer der Arbeiterpartei, hielt den Kritikern 1875 auf dem Gothaer Parteitag entgegen: »Es gibt auch Männer genug, die in derselben Lage sind, dann dürfen wir auch diese nicht wählen lassen!«

Mit dieser Materie setzte sich Lily von Gizycki, beraten von ihrem Mann, intensiv auseinander. Sie bereitete ihren ersten Vortrag für die »ethische Gesellschaft« über Fragen des Frauenrechts gründlich vor. Sie hatte die bürgerlichen Frauenvereine besucht, Versammlungen von Arbeiterinnen kennengelernt, und nun sprach sie in einem dicht gefüllten Saal Berlins, voller Nervosität zwar, aber doch ohne Furcht:

»Jedes Stück unserer Kleidung, von der Leinwand an bis zum Seidenkleid, von den Nägeln unserer Schuhe bis zum Leder unserer Handschuhe könnte von hohläugigen Frauen, von um ihre Jugend betrogenen Mädchen Leidensgeschichten erzählen. Der Spiegel, der das Bild einer schönen Frau widerstrahlt, hat vielleicht keimendes Leben vernichtet. Die Frau darf bei uns in Deutschland nicht Medizin studieren, weil man um ihre Weiblichkeit zärtlich besorgt ist, aber sie darf sich einen Gewerbeschein verschaffen, der sie berechtigt, sich und andere physisch und moralisch zugrunde zu richten. Sie darf bei uns in Deutschland sich an keiner Wahl beteiligen, aber sie darf von ihrem durch den Verkauf ihres Körpers erworbenen Geld dem Staat Abgaben zahlen. Was tun? Wir werden nicht mehr petitionieren, sondern fordern, uns nicht mehr hinter den verschlossenen Türen unserer Vereine über unsere frommen Wünsche unterhalten, sondern auf den offenen Markt heraustreten und für ihre Erfüllung kämpfen. Was wir auch fordern mögen zugunsten unseres Geschlechts, das die wirtschaftliche Entwicklung aus dem Frieden des Hauses in den Kampf ums Dasein trieb, man wird uns mit Phrasen und kläglichen Pflastern für unsere Wunden abspeisen, solange die politische Macht uns fehlt. Ich höre Leute von der geistigen Inferiorität der Frauen sprechen, die unsere Forderung nach der politischen Gleichberechtigung ablehnen. Aber erst wenn die Frauen ebenso viele Jahrhunderte lang wie die Männer die Hilfe der Wissenschaften, die Schulung des Lebens genossen haben, wird es an der Zeit sein, zu fragen, wie es mit ihrem Verstand steht. Das weibliche Geschlecht, so wirft man weiter ein, habe noch kein Genie hervorgebracht. Hat man die Gewährung politischer Rechte beim Mann von der Prüfung seiner Geisteskräfte abhängig gemacht?«

Lily von Gizyckis Vortrag war ein großer Erfolg. Der Verein »Frauenwohl« lud sie zur Mitarbeit ein, Lily versagte sich nicht. An zahlreichen Sitzungen nahm sie von nun an teil, Vorschläge und Gedanken äußerte sie, doch ihre Hauptforderung, die politische Gleichberechtigung öffentlich zu verkünden, das behagte den meisten Vereinsdamen nicht. »Wir würden das Wichtigste gefährden, die endliche Zulassung der deutschen Frauen zum Medizinstudium, falls wir so bedenkliche Fragen wie die der politischen Rechte berührten!« hieß es, und darin war sich die Mehrheit der Damen einig. Doch gab es für diesmal eine Kompromißlösung zwischen dem Wunsch des Vereins, Lilys Vortrag im kleinen Kreis zu wiederholen, und Lilys Forderung, ihren Text mit Hilfe des Frauenvereins jetzt in einer öffentlichen Versammlung einem breiteren Publikum bekannt zu machen. Nur unter der Hand übernahm der Verein die Organisation, träte er öffentlich hervor, befürchtete man, mit Lilys Gleichberechtigungsprogramm ein polizeiliches Verfahren heraufzubeschwören. Überdies wurden die Ausführungen, bevor Lily im Konzerthaus in der Leipziger Straße vor zahlreichem Publikum sprach – auch Presseleute und Polizeioffiziere waren anwesend –, von den Vorstandsdamen zensiert. Diesmal schlug der Vortrag in der Reichshauptstadt ein wie eine Bombe. Die unterschiedlichsten Reaktionen, Begeisterung, Freude und Sympathie bei vielen arbeitenden Frauen auf der einen Seite, Wut, Spott und unsachliche Polemik seitens der offiziellen

Sprachrohre – übrigens auch ihrer adligen Verwandten und früheren Freunde – konnten die Genugtuung Lilys und ihres Mannes nicht mindern. Mit einem Schlage war Lily von Gizycki in der Reichshauptstadt bekannt geworden. Von dieser mutigen Frau, die auch unpopuläre Gedanken äußerte und die vor allem reden konnte, war noch einiges zu erwarten. Darin waren sich alle einig, Freunde, sachliche Beobachter und Gegner.

*Theodor Fontane (1819 bis 1898) war als Journalist und literarischer Chronist Preußens und seiner adligen Repräsentanten spät zum Romancier gereift. Seine Urteile entstanden aus genauer jahrzehntelanger Beobachtung der Verhältnisse in Preußen.*

## *– ÜBER DIE ARBEITER – GESCHRIEBEN IM JAHR DES SOZIALISTENGESETZES*

*An seine Frau, Emilie Fontane* Berlin, den 5. Juni 1878

»... Wie war es früher? Eine revolutionäre Natur, ein mit Potenzen ausgerüsteter Tunichtgut verführte entweder große, harmlose Volksmassen, oder er stellte sich an die Spitze bereits vorhandener Unzufriedener. Im ersten Falle fing man den Anführer, hing ihn, und alles war vorbei. Im letzteren Falle geschah zunächst dasselbe, aber kleine berechtigte Forderungen (Bier- oder Brottaxe heruntergesetzt und ähnliche Lappalien) mußten erfüllt werden. Das alles war Kinderspiel, man befand sich einer stupiden Menge gegenüber. Das ist jetzt anders. Millionen von Arbeitern sind gerade so gescheit, so gebildet, so ehrenhaft wie Adel und Bürgerstand, vielfach sind sie ihnen überlegen. Der junge R. ist ein Tischlergeselle; glaubst Du, daß er verschiedenen jungen Leuten aus unsrer Bekanntschaft nachsteht? Gewiß nicht. Nun ist der junge R. zwar zufällig ein Bürgersohn, er könnte aber auch der Sohn einer alten Waschfrau sein. Dann hättest Du den echten Repräsentanten des vierten Standes. Alle diese Leute sind uns vollkommen ebenbürtig, und deshalb ist mit ihnen weder der Beweis zu führen, ›daß es mit ihnen nichts sei‹, noch ist ihnen mit der Waffe in der Hand beizukommen. Sie vertreten nicht bloß Unordnung und Aufstand, sie vertreten auch Ideen, die zum Teil ihre Berechtigung haben und die man nicht totschlagen oder durch Einkerkerung aus der Welt schaffen kann. Man muß sie geistig bekämpfen, und das ist, wie die Dinge liegen, sehr, sehr schwer ...«

*An James Morris, Berlin* den 22. Februar 1896

»... Mit besonderem Vergnügen habe ich Keir Hardies (englischer Sozialistenführer, DB) ›Labour-Leader‹ durchgesehen. Alles Interesse ruht beim vierten Stand. Der Bourgeois ist furchtbar, und Adel und Klerus sind altbacken, immer dasselbe. Die neue, bessere Welt fängt erst beim vierten Stande an. Man würde das sagen können, auch wenn es sich bloß erst um Bestrebungen, um Anläufe handelte. So liegt es aber nicht. Das, was die Arbeiter denken, sprechen, schreiben, hat das Denken, Sprechen und Schreiben der altregierenden Klassen tatsächlich überholt. Alles ist viel echter, wahrer, lebensvoller. Sie, die Arbeiter, packen alles neu an, haben nicht bloß neue Ziele, sondern auch neue Wege ...«

## *– ÜBER DEN PREUSSISCHEN ADEL –*

*An Georg Friedländer* Berlin, den 14. Mai 1894

»... Die Adelsfrage! Wir sind in allem einig; es gibt entzückende Einzelexemplare, die sich aus Naturanlage oder unter dem Einfluß besonderer Verhältnisse zu was schön Menschlichem durchgearbeitet haben, aber der ›Junker‹, unser eigentlichster Adelstypus, ist ungenießbar geworden. Als Kunstfigur bleibt er interessant, und Historiker und Dichter können sich freuen, daß es solche Leute gab und gibt; sie haben einen Reiz wie alles Scharfausgeprägte. Aber was ist damit bewiesen! Alte Geizhälse, alte Weiber, die im Kehricht wühlen, und wenn sie sterben, einen nicht mit der Kneifzange anzufassenden Unterrock hinterlassen, drin dreißigtausend Franken eingenäht sind – alle solche Wesen sind auch interessant ... Und zu solchem Greul entwickeln sich auch die Junker. Je mehr sie überflüssig werden, je mehr sie sich überzeugen müssen, daß die Welt anderen Potenzen gehört, desto unerträglicher werden sie in ihren Forderungen; ihre Vaterlandsliebe ist eine schändliche Phrase, sie haben davon weniger als andre, sie kennen nur sich und ihren Vorteil, und je eher mit ihnen aufgeräumt wird, desto besser ...«

*An Georg Friedländer* Berlin, den 5. April 1897

»... Preußen – und mittelbar ganz Deutschland – krankt an unseren Ostelbiern. Über unsren Adel muß hinweggegangen werden; man kann ihn besuchen wie das ägyptische Museum und sich vor Ramses und Amenophis verneigen, aber das Land ihm zuliebe regieren in dem Wahn: dieser Adel sei das Land, das ist unser Unglück, und solange dieser Zustand fortbesteht, ist an eine Fortentwicklung deutscher Macht und deutschen Ansehns nach außen hin gar nicht zu denken ...«

## *– ÜBER KAISER WILHELM II. –*

*An Georg Friedländer* Berlin, den 5. April 1897

»Was mir an dem Kaiser gefällt, ist der totale Bruch mit dem Alten, und was mir an dem Kaiser nicht gefällt, ist das in Widerspruch dazu stehende Wiederherstellenwollen des Uralten. In gewissem Sinne befreit er uns von den öden Formen und Erscheinungen des alten Preußentums, er bricht mit der Ruppigkeit, der spießbürgerlichen Sechsdreierwirtschaft der 1813er Epoche. Er läßt sich, aufs Große und Kleine hin angesehen, neue Hosen machen, statt die alten auszuflicken. Er ist ganz unkleinlich forsch und hat volles Einsehn davon, daß ein deutscher Kaiser was andres ist als ein Markgraf von Brandenburg. Er hat eine Million Soldaten und will auch hundert Panzerschiffe haben; er träumt von einer Demütigung Englands. Deutschland soll obenan sein, in all und jedem. Das alles – ob es klug und ausführbar ist, laß ich dahingestellt sein – berührt mich sympathisch, und ich wollte ihm auf seinem Turmseilwege willig folgen, wenn ich sähe, daß er die richtige Kreide unter den Füßen und die richtige Balancierstange in Händen hätte. Das hat er aber nicht. Er will, wenn nicht das Unmögliche, so doch das Höchstgefährliche mit falscher Ausrüstung, mit unzureichenden Mitteln. Er glaubt, das Neue mit ganz Altem besorgen zu können; er will Modernes aufrichten mit Rumpelkammerwaffen; er sorgt für neuen Most, und weil er selbst den alten Schläuchen nicht mehr traut, umwickelt er eben diese Schläuche mit immer dickerem Bindfaden und denkt: ›Nun wird es halten.‹ Es wird aber nicht halten. Was der Kaiser mutmaßlich vorhat, ist mit ›Waffen‹ überhaupt nicht zu leisten; alle militärischen Anstrengungen kommen mir vor, als ob man Anno 1400 alle Kraft darauf gerichtet hätte, die Ritterrüstung kugelsicher zu machen, statt dessen kam man aber schließlich auf den einzig richtigen Ausweg, die Rüstung ganz fortzuwerfen. Es ist unausbleiblich, daß sich das wiederholt; die Rüstung muß fort, und ganz andre Kräfte müssen an die Stelle treten: Geld, Klugheit und Begeisterung. Nur die Volkshingebung kann die Wundertaten tun, auf die er aus ist; aber um diese Hingebung lebendig zu machen, dazu müßte er die Wurst gerade vom entgegengesetzten Ende anschneiden ...«

## AUS EINEM BRIEFWECHSEL GENERAL VON WALDERSEES MIT KAISER WILHELM II.

*General Graf von Waldersee, Kommandierender des IX. Armeekorps an Kaiser Wilhelm II.*

Altona, 22. Januar 1897

»... Es legten in Hamburg achtzehntausend Arbeiter gleichzeitig die Arbeit nieder, keineswegs durch schlechte Löhne gedrängt, sondern begehrlich gemacht durch den angeblich guten Verdienst der Reederei; sie verpflichteten sich, solidarisch zusammenzuhalten, und haben dies nunmehr durch acht Wochen trotz vielfacher Entbehrungen und Aufzehrens von Ersparnissen durchgeführt und den Instruktionen der Führer gehorsam folgend, sich musterhaft verhalten und Exzesse oder Auflehnungen gegen die Polizei vermieden. Die Führer haben eine Art von Heerschau abgehalten und sind mit dem Resultat durchaus zufrieden. Sie haben gesehen, wie fast die gesamte Arbeiterschaft Hamburgs zusammenhielt und wie erhebliche Volksmassen anderer Berufsarten auf seiten der Arbeiter standen. Die zur Fortführung des Streiks zusammengebrachten Summen übersteigen die anfangs gehegten Erwartungen und haben bis jetzt den Betrag von mindestens eineinhalb Millionen Mark erreicht. Eine Beendigung des Streiks ist daher, weitere Festigkeit der Arbeiter vorausgesetzt, mit Sicherheit noch nicht abzusehen. Bei der gewaltigen Ausdehnung der sozialdemokratischen Organisation scheint es mir, wenn nicht bald Gegenmittel gefunden werden, unvermeidlich, daß der Zeitpunkt naht, an welchem die Machtmittel des Staates sich mit denen der Arbeitermassen messen müssen. Sollte der Kampf aber, wie es meine Ansicht ist, unvermeidlich sein, so kann der Staat von einem Hinausschieben desselben nicht gewinnen. Daß solche Elemente sich gehorsam den Weisungen der Führer unterordnen, kennzeichnet die volle Größe der Gefahr. Ich meine, daß es im Interesse des Staates liegt, nicht den sozialdemokratischen Führern die Bestimmung des Zeitpunktes für den Beginn der großen Abrechnung zu überlassen, sondern diesen nach Möglichkeit zu beschleunigen. Noch ist der Staat mit Sicherheit in der Lage, jeden Aufstand niederzuschlagen ...«

*Kaiser Wilhelm II. an den General von Waldersee*
»Ich danke Ihnen sehr für Ihre Denkschrift, ich bin sehr froh, daß endlich jemand die Wahrheit offen ausspricht. Ich sehe die nächste Zukunft als recht ernst an; sollte es mir zu bunt werden, so müssen Sie heran. Ich weiß, wenn es zum Schießen kommen muß, so werden Sie es gründlich tun.«

Lily von Gizyckis Bindung an die Sozialdemokratische Partei vollzog sich in einer auch für sie nie zu vergessenden Veranstaltung inmitten der Proletarierviertel des Berliner Ostens. Der greise Friedrich Engels, der in London als Herausgeber der Werke seines 1883 verstorbenen Freundes Karl Marx lebte, besuchte auf Einladung August Bebels zwei Jahre vor seinem Tode die Reichshauptstadt. Ihm zu Ehren hatten sich viertausend Sozialdemokraten am 22. September 1893 in den Concordia-Sälen in der Nähe der Frankfurter Allee versammelt. Georg von Gizycki hatte eine Einladung bekommen, Lily begleitete ihren Mann und erlebte die Freude, dem Mitbegründer der sozialistischen Bewegung vorgestellt zu werden. Sie schildert den festlichen Abend:

»Ein großer Saal. Grüne Girlanden, mit roten Blumen besteckt, schwebten in runden Bogen um Galerien, von einer Säule zur anderen. ›Proletarier aller Länder, vereinigt euch!‹ leuchtete es in riesigen Goldbuchstaben auf rotem Grund von der Tribünenwand. Unter Lorbeerbüschen glänzten die Büsten von Marx und Lassalle. Der Riesenraum war dicht gefüllt: Männer im Festtagsrock, Frauen und Mädchen in bunten Blusen und hellen Kleidern, die Gesichter verklärt. Ein Glanz der Jugend strahlte aus allen Augen und verwischte die Furchen, die Leidenszüge, die Kummerfalten und gab den früh gebleichten Wangen die Röte der Kindes des Glücks. Brausende Hochrufe erschütterten die Luft. Alles erhob sich, schwenkte die Hüte und wehte mit den Taschentüchern. Auf die Tische und auf die Schultern wurden die Kinder gehoben, so daß ihre Köpfchen wie Blumen aus dichtem Wiesengrund über die Massen emporragten. Und durch den breiten Mittelgang, an dem sich rechts und links, eine undurchdringliche Mauer, die Menge staute, kamen sie alle, die alten Kämpfer, deren Namen ein blutiger Schrecken für die einen, ein Symbol künftiger Glückseligkeit für die anderen war. Mein Blick blieb auf den Voranschreitenden haften, die ich um mich herum wieder flüsternd nennen hörte: Liebknecht, Bebel, Engels. Groß war der eine, mit grauem Vollbart, hoher Stirn, geistvoll sprühenden Augen, einen feinen Zug von Sarkasmus um den Mund, klein der andere, mit widerspenstiger voller Haarsträhne, die ihm immer wieder nach vorne fiel, so daß sein Blick sich noch mehr verschleierte – jener merkwürdige Blick, wie ihn nur Dichter und Träumer haben. Vorne aber ging der alte gefeierte Gast, mit einem Lächeln voll gerührter Güte und freudiger Menschenliebe, als wären das alles seine Kinder, die ihm entgegenjauchzten. Gesang, Musik, Begrüßungsreden wechselten miteinander ab, wie bei einem großen Familienfest ...«

Einem anderen zeitgenössischen Bericht ist zu entnehmen, daß Friedrich Engels bescheiden sagte, er betrachte diesen Empfang nicht als ihm persönlich gewidmet, sondern »ihm als Mitarbeiter und Mitstreiter eines Größeren, als dem Kampfgenossen von Karl Marx«. In einer kurzen Ansprache umriß Engels die Entwicklung Berlins und der Sozialdemokratie innerhalb einer Zeitspanne von fünfzig Jahren: »Es sind fast auf den Tag einundfünfzig Jahre, daß ich Berlin zuletzt gesehen. Seitdem ist Berlin vollständig umgewandelt. Damals war es eine kleine sogenannte ›Residenz‹ von kaum dreihundertfünfzigtausend Einwohnern und lebte vom Hof, vom Adel, von der Garnison und der Beamtenwelt. Heute ist es eine große Hauptstadt mit fast zwei Millionen Einwohnern, die von der Industrie lebt. Heute könnten Hof, Adel, Beamte und Garnison sich einen anderen Wohnort suchen, und Berlin bliebe doch Berlin. Und die industrielle Entwicklung Berlins hat noch eine andere Umwälzung gebracht. Damals gab es noch keinen einzigen Sozialdemokraten in Berlin; man wußte nicht einmal, was Sozialdemokratie war. Heute, vor wenigen Monaten, hat man die Berliner Sozialdemokratie Revue passieren lassen, und sie ist aufmarschiert mit fast hundertsechzigtausend Stimmen, und Berlin hat fünf sozialdemokratische Abgeordnete auf sechs Vertreter im ganzen. In dieser Beziehung steht Berlin an der Spitze aller europäischen Großstädte und hat selbst Paris weit überflügelt ...«

Im Verlauf des Abends begrüßten Friedrich Engels, August Bebel und Wilhelm Liebknecht auch das Ehepaar Gizycki. Lily notierte sich: »Von einem Tisch zum anderen begrüßten sich die Bekannten, und er, der Held des Tages, drängte sich mit den Freunden durch die Reihen und schüttelte die Hände alter Kampfgenossen aus den schweren Zeiten der Verfolgung. Sie kamen auch zu uns und setzten sich um Georgs Rollstuhl, und seine Lippen zuckten, und seine Augen wurden feucht vor Bewegung. Mit einer altväterisch-chevaleresken Verbeugung schenkte mir Engels ein paar Blumen aus der Fülle, die ihm gegeben worden war. ›Ein gefährliches Zeichen‹, lachte Liebknecht und wies auf die rote Nelke darunter. ›Eines des Sieges, wie ich hoffe‹, antwortete ich ...«

Mit Sympathie und offensichtlicher Genugtuung empfingen in den folgenden Wochen die führenden Sozialdemokraten ihre junge Mitkämpferin. Clara Zetkin, die für die Frauenarbeit in der Gesamtpartei verantwortlich war, begrüßte den Übertritt Lily von Gizyckis in das sozialistische Lager mit der Versicherung, »daß alle Opfer durch die Sympathie und Liebe, welche das Proletariat in reichem Maße jedem schenkt, der ernst und selbstlos für seine Befreiung arbeitet«, aufgewogen würden. Dabei erwies sich sehr bald, daß ihr guter Wille, ihre Aufrichtigkeit, ihre Ideale und lauteren Absichten innerhalb der Partei allein nicht genügten. Parteidisziplin war ein schwergewichtiges Wort, ein allgemeinverbindlicher Begriff in der Partei des Proletariats, die ihren mühseligen Aufstieg in drei Jahrzehnten unter vielfältigen Verfolgungen, Bespitzelungen und Behinderungen jeglicher Art, aber auch gegen mancherlei karrieresüchtigen Ehrgeiz von Einzelpersönlichkeiten hatte durchsetzen können. Vorurteile, Sektierertum, Mißtrauen gegen das neue, intellektuell befähigte und über eine vorzügliche Bildung verfügende Parteimitglied waren durchaus verständlich. Schließlich war Lily

## An's Proletariat.

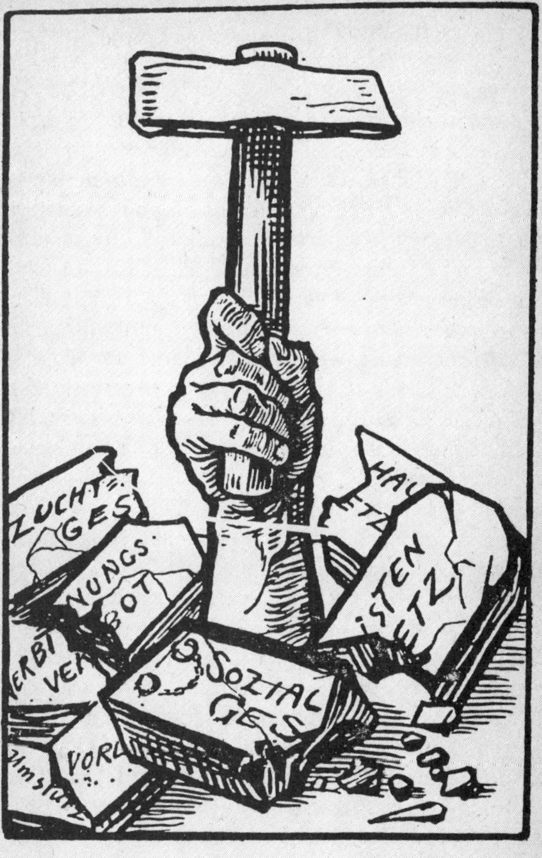


Trotzig empor die Faust gereckt
Und den Feind in den Sand gestreckt!
Durch durch alle die Finsternisse!
Durch durch alle die Hindernisse,
Bis die hemmende Schranke bricht!
Durch zur Freiheit! Und durch zum Licht!
Frei in Wetter und Sturmesweh'n
Soll dich das neue Jahrhundert seh'n!

„Süddeutscher Postillon“, 1900

Aus einer süddeutschen Zeitung der Sozialdemokratie im Jahr 1900 nicht der Typ der Proletarierin. Hingegen waren die in der politischen Arbeit der Partei bewährten Genossinnen nach harten beruflichen Erfahrungen und dem unter schwierigen Bedingungen mühsamen Versuch, die ihnen vorenthaltene Bildung und Ausbildung nachzuholen, in ihre Funktionen gelangt.

Lily war sensibel und voller Gefühlsreichtum. Sie bewunderte die tapferen revolutionären Frauen, die aus der Arbeiterschaft stammten, zum Beispiel die Näherin Ottilie Baader, die sie häufig in ihrer armseligen Wohnung im Berliner Osten besuchte und an deren Seite sie die »Frauen-Agitation« der Partei an der Basis studierte. Die Adlige blickte zu der Näherin auf, warb um ihr Vertrauen und schien damit auch Erfolg zu haben. Eines Tages vertraute sich ihr die Arbeiterin an: »Von morgens um sechs bis nachts um zwölf, mit einer Stunde Mittagspause, wird in einer Tour an der Nähmaschine ›getrampelt‹. Um vier Uhr früh wurde aufgestanden, die Wohnung in Ordnung gebracht und das Essen vorbereitet. Beim Arbeiten steht eine kleine Uhr vor mir, und es wird sorgfältig aufgepaßt, daß ein Dutzend Kragen nicht länger dauert als das andere. Nichts kann einem mehr Freude machen, als wenn man ein paar Minuten sparen kann. Und die Jahre vergehen, ohne daß man merkt, daß man jung war, und ohne daß das Leben einem etwas gegeben hat...«

Im Herbst 1895, nach dem Tod ihres Mannes, zog sich Lily von Gizycki aus der Verantwortung der von ihr mitherausgegebenen Zeitschrift »Ethische Kultur« zurück. Sie stand jetzt auf dem Boden des Klassenkampfes, den die Ethische Gesellschaft ablehnte. Auch in der bürgerlichen Frauenbewegung hatte Lily eine Niederlage hinnehmen müssen. Als Vorstandsmitglied des Vereins »Frauenwohl« und Redakteurin der Zeitschrift »Die Frauenbewegung« war sie an der Seite der bekannten Minna Cauer durch ihre Aktivitäten und ihren Einfallsreichtum die vorwärtstreibende Kraft. Schon jetzt eckte sie jedoch bei beiden Flügeln der Frauenbewegung an. Wenn sie in der Zeitschrift »Die Frauenbewegung« schrieb: »Das Motiv unserer Handlungen soll jedoch nicht das größtmögliche Wohl *einer* Gemeinschaft, *einer* Klasse oder *eines* Geschlechts sein, sondern das größtmögliche Wohl aller«, so verstieß ein solches Motto bereits gegen die klassenkämpferische Dogmatik der Partei. Andererseits entdeckte Lily innerhalb der bürgerlichen Frauenbewegung viel Kleinlichkeit, Fraktions- und Machtkämpfe und grundsätzliche Vorbehalte gegen die Sozialdemokratie, so daß für sie dort ein Engagement nicht mehr möglich schien. Als Helene Lange, die in ganz Deutschland bekannte bürgerliche Frauenrechtlerin, zu einem nationalen Dachverband aller Frauenverbände aufrief, wehrte sich Minna Cauer gegenüber Lilys zustimmender Begeisterung mit den bezeichnenden Worten: »Niemals! Aufspielen will sich die Lange, nachdem ihr angesichts unserer Erfolge schon längst die Galle überläuft!« Lily empfand dies als kleinlich. Mit ihrer Zustimmung zu einer solchen Vereinigung verband sich die Hoffnung, daß das Heer der gutwilligen Frauen in Deutschland und international als eine welterobernde friedliche Kraft die Gleichberechtigung aller Frauen durchsetzen könnte. Hier – so meinte sie im idealistischen Höhenflug – stünde die Arbeiterin neben der Bourgeoisdame, die Sozialdemokratin neben der Gutsbesitzerin. Im friedlichen Austausch der Ideen müßte die lebenskräftigste siegen, hoffte Lily. Bezeichnend war auch, daß Helene Lange die sozialistischen Arbeiterinnen nicht eingeladen hatte. Lily war naiv genug, das für einen Zufall zu halten. Auf einen entsprechenden Brief erhielt sie keine Antwort. Die Sozialdemokratinnen jedoch wehrten sich zu ihrem Erstaunen gegen eine Zusammenarbeit mit den »bürgerlichen« Frauen. Ottilie Baader, Näherin und Berliner Parteifunktionärin, reagierte kühl: »Unser Agitationsgebiet ist das gesamte Proletariat – groß genug für die gewaltigsten Arbeitskräfte. Die Vereinigung mit den bürgerlichen Frauenverbänden würde zersplitternd und verwirrend wirken. Die Masse der Arbeiterinnen ist noch nicht so selbstbewußt, um sich den Damen gegenüber als Gleichberechtigte zu fühlen!«

Auf dem ersten Treffen aller Frauenvereine gab es endlose Reden, die den Gedanken der Einheit beschworen. Lily hatte sich gleich am Beginn zu Wort gemeldet, doch die einflußreiche Helene Lange verhinderte, daß Lily überhaupt ihren Antrag, die Arbeiterinnen zu integrieren, vortragen und begründen durfte. »Sämtliche deutsche Frauenvereine sind zu dieser Zusammenkunft aufgefordert worden, mit Ausnahme derjenigen natürlich, die nicht auf dem Boden unserer Staats- und

Gesellschaftsordnung stehen. Ihre Teilnahme würde die Auflösung des Verbandes zur Folge haben. Im Interesse der ruhigen Fortführung unserer Verhandlungen haben wir beschlossen, Frau von Gizycki das Wort zu verweigern ...«

Bei einer England-Reise, die sie unternahm, um sich über die glänzend organisierten sozialen Hilfsdienste der englischen Frauenbewegung zu informieren, erlebte sie nicht nur die Britinnen, sondern Vertreterinnen des ganzen Weltreichs, Amerikas und Australiens, die in London zum Erfahrungsaustausch zusammengekommen waren. »Da waren sie alle, die alten Vorkämpferinnen, die ihrem Geschlecht die Hörsäle der Universitäten und die Pforten zum Parlament geöffnet hatten. Ein neuer Weibestypus: statt der weichen Madonnengesichter, die die Stille und Enge häuslichen Lebens formt, schmale, scharfgeschnittene Züge, wie sie die Welt ihren Bürgern meißelt; statt des treuen, warmen Blicks, der über Kinderstube und Küchengarten nicht hinauszuschauen braucht, die wissenden, ernsten, leidenschaftdurchfunkelten Augen jener, denen des Lebens dunkle Abgründe sich offenbaren. Neben den Siegerinnen standen die noch immer Besiegten: die dunkeläugige Türkin im schimmernden Märchengewande der Scheherezade, die Abgesandte Indiens, den schlanken braunen Leib in weiche Schleier gehüllt. Stolz erzählten die einen von ihren Triumphen, klagend die anderen von ihren Leiden – Triumphen auf dem Gebiet des wissenschaftlichen, des sozialen, des politischen Lebens –, Leiden, hervorgerufen durch sexuelle, soziale und rechtliche Unterdrückung, als ob Befreiung und Not ihres Geschlechts damit erschöpft wären ...«

Lily von Gizycki bekennt sich auf dem Londoner Frauenkongreß ohne Einschränkung zur Sozialdemokratie, und sie benutzt jede sich ihr bietende Gelegenheit, die vielfältigen Impulse britischer Gewerkschaftsarbeit und das Wirken anderer Organisationen in den Proletariervierteln und Slums zu studieren. Eines Abends lernt sie bei den Fabiern einen Schriftsteller kennen, der auf eine ihr ungewöhnlich erscheinende ironische Art bestimmte dogmatische Anschauungen innerhalb der Partei kritisch unter die Lupe nimmt. Solche Töne kommen ihr, wie sie später mit Selbstironie bemerkt, fast wie Hochverrat an den grundlegenden Dogmen des Sozialismus vor. Aber der Ton dieses Mannes blieb ihr im Ohr und zwang sie noch oft, über das Gehörte nachzugrübeln. »Es ist nicht wahr, daß die Befreiung der Arbeiterklasse nur ein Werk der Arbeiterklasse selbst sein kann! Es ist nicht wahr, daß der Klassenkampf das Grundelement der sozialistischen Bewegung ist! Es ist nicht wahr, daß die Entwicklung des Sozialismus mit der Sicherheit eines Naturgesetzes notwendig zur Expropriation der Expropriateure führen wird. Es waren und sind die revoltierenden Söhne der Bourgeoisie selbst, Lassalle, Marx, Liebknecht, Morris, alle, wie ich, Bourgeois mit Mischung von Kavaliersblut, die die rote Fahne entfalteten. Der Hunger der Armen treibt zur Revolte, der Geist allein zur Revolution ...« Es war George Bernard Shaw, Theaterkritiker und Dramaturg, der gerade Ibsen und Wagner für England entdeckt hatte, der sozialistische Spötter, mit dem Lily in ein persönliches Gespräch kam. Dabei ging es um die Arbeitersiedlungen, die von dem Fabier Webb draußen, im Grünen, in gepflegten Gärten aufgebaut worden waren und die als Modell des englischen Gewerkschaftssozialismus galten. Shaw, schmal, mit gelblich-blassem Gesicht, wirrem blonden Haar über der Stirn, fragt Lily mit Augenzwinkern: »Sie waren draußen in Letshfield? Sie haben die Bewohner in ihren Häusern gesehen ... und wohl auch bewundert?« Lily nickte. »Haben Sie nicht bemerkt, wie drastisch solch eine Miniatur-Zufriedenheits-Existenz lehrt, daß die Arbeiter in ihrer Masse nicht mehr verlangen, als zu Bourgeois zu werden?« Die adlige Sozialistin vermag nicht zu lächeln: »Ja, ist es nicht das wünschenswerteste Ziel, ihn zunächst wenigstens satt zu machen?« fragt sie den Schriftsteller. »Sicherlich, denn Armut ist ein Laster. Wenn nur die Sattgewordenen nicht am raschesten derer vergessen würden, die noch immer hungern. Im Grunde sind die Arbeiter das konservativste Element im Staat, und wir Freigelassenen der Bourgeoisie sind dazu da, sie aufzurütteln ...«

Lily von Gizycki kehrt mit vielen Eindrücken aus England heim. Vielleicht war einer der entscheidenden Impulse für ihr zukünftiges Wirken, die ihr die reformistischen Versuche englischer Sozialisten und der Fabier gaben, gerade die kritische Erkenntnis, daß einer unmenschlichen Ausbeutergesellschaft allein mit Reformen nicht Paroli geboten werden kann.

Mehr denn je wollte sie die Gesellschaftsordnung mit feudalistisch-kapitalistischem Zuschnitt, wie sie sich in Preußen-Deutschland als noch festgefügt zeigte, beseitigen. Der »Klassenkampf«, wie ihn das marxistische Programm formulierte, war nach dieser Auffassung absolut richtig und erschien auch ihr notwendig. Allerdings waren die Begegnungen mit den undogmatischen, flexibel vorgehenden britischen Sozialisten für Lily von Gizycki fruchtbar, weiteten sie doch ihren Blick dafür, daß es viele Wege gab, die Lebensverhältnisse der Armen und sozial Ausgebeuteten zu bessern. Sie wollte keine einer starren, vorgefaßten Dogmen-Ideologie auf ewig verpflichtete Anhängerin sein. Mut, Tatkraft und Einfallsreichtum würden sich mit kritischer Intelligenz, solidem Wissen und einem klaren Standpunkt für die Sache der Arbeiterinnen und aller noch unterdrückten Frauen zu verbinden haben, das war Lilys Konzeption. Sie ahnte damals nicht, daß ihre Bereitschaft zu geistiger Offenheit und ihr Reichtum an Gefühlsstärke nur schlecht zu den strengen Organisationsprinzipien altgedienter Funktionäre passen würden, doch sie sollte bald genug Erfahrungen innerhalb der deutschen Funktionärshierarchie sammeln können.

## 4. Kampf

Ihr erster Plan war, einen Zentralausschuß für Frauenarbeit zu gründen, der Informationen aus der Arbeitswelt und zu allen Fragen des Kampfes um die Gleichberechtigung und für das Frauenwahlrecht sammeln sollte. Von bürgerlicher Seite wußte man inzwischen um Lilys Engagement für die Sozialdemokratie; man begegnete ihren Vorschlägen mit Skepsis und Zurückhaltung. Als sie einige Berlinerinnen aus der Arbeiterpartei, darunter Ottilie Baader, zu sich einlud und ihren Plan vortrug, war es gerade die Näherin, eine enge Mitstreiterin der in Stuttgart wohnenden Clara Zetkin, die sie plötzlich ebenfalls recht zurückhaltend und gönnerhaft behandelte. »Das ist ja alles ganz schön und gut, aber was geht uns das eigentlich an? Wir wissen doch längst, wie es bei uns aussieht. Und um die Neugier der Bourgeois-Damen zu befriedigen, oder sie in unseren Organisationen herumstänkern zu lassen, dazu sind wir doch nicht da! Vor allem müssen wir dazu das Urteil der Genossin Zetkin hören!« Während Lily noch überlegte, ob Clara Zetkin, die anerkannte Autorität der sozialdemokratischen Frauen, nicht weitsichtiger den umfassenden Charakter des geplanten Unternehmens beurteilen würde, kam bereits am folgenden Tag eine schriftliche Kritik von Ottilie Baader, die ihre Hoffnungen tief enttäuschte. »Seit gestern weiß ich nicht, ob Sie wirklich unsere Genossin sind. Was Sie vorschlagen, kann jede Frauenrechtlerin auch. Es zeigt, daß Sie mit der bürgerlichen Frauenbewegung nicht gebrochen haben, deshalb können wir kein rechtes Vertrauen gewinnen. Ich sehe, daß man unrecht tut, wenn man den schönen Gefühlen der Bourgeois-Damen Glauben schenkt ...«

Sie, die sowohl dem Adel als auch dem Bürgertum in schärfster und kompromißloser Weise den Kampf angesagt hatte, jede mögliche Karriere in den liberalen Frauenvereinen ausgeschlagen hatte und öffentlich die Sozialdemokraten verteidigte und deren Forderungen vertrat, als »Bourgeois-

Dame« diffamiert! Lily von Gizycki brauchte den Rat erfahrener Genossen. Wilhelm Liebknecht empfing sie in seiner Wohnung in der Kantstraße, unweit des Bahnhof Zoo. Der erfahrene Parteiführer lächelte, als Lily ihre Sorgen vortrug. »Soll ich Ihnen einen freundschaftlichen Rat geben? Kümmern Sie sich nicht um die Frauen in der Partei, wenn Sie etwas erreichen wollen. Die sind noch rückständiger als die Männer, können gar nicht anders sein. Wo sollen sie auch die Kenntnisse hernehmen? Es ist schon viel, wenn sie aus ihrem proletarischen Instinkt heraus gute Parteigenossinnen sind!« In der Großgörschenstraße wohnte August Bebel, er kam Lily fröhlich und temperamentvoll entgegen. »Ich freue mich Ihres Besuchs! Nach dem Schriftstück hier« – dabei hielt er das Programm des Zentralausschusses in der Hand – »haben wir von Ihnen vieles Gute zu erwarten. Sie können mit Ihrer Arbeit da einspringen, wo die Regierung nicht eine, sondern hundert Lücken gelassen hat. Unsere Beteiligung wird sich wohl nur auf Ratschläge beschränken.« – »Damit ist mir nicht gedient«, entgegnete Lily. »Wie können wir in die Arbeits- und Lebensverhältnisse der Arbeiter Einblick gewinnen, wenn Sie uns nicht die verschlossenen Türen öffnen?« Bebel dachte nach. »Wenn Sie irgend etwas im Kreise unserer Genossinnen erreichen wollen, rate ich Ihnen, setzen Sie sich mit Clara Zetkin in Verbindung. Am besten, fahren Sie zu ihr. Ist sie gegen Ihren Plan, haben Sie alle miteinander gegen sich!«

Schon wenige Tage später saßen sich beide Frauen in der Stuttgarter Wohnung von Clara Zetkin gegenüber. Die Frauenfunktionärin lehnte Lilys Plan ohne Umschweife ab. »An eine Zusammenarbeit zwischen uns ist gar nicht zu denken. Sollte von anderer Seite etwas derartiges für möglich erklärt worden sein, so würde ich solche Absichten auf das schärfste bekämpfen. Der politische Kampf ist für uns das A und das O. Jede Harmonieduselei mit bürgerlichen Elementen ist von Übel und kann den Klassenkampfcharakter unserer Bewegung nur verwirren. Nicht die Gegensätze überbrücken, wie bürgerliche Idealisten und Ethiker wünschen, sondern sie auf das schärfste betonen, ist für uns die Hauptsache!«

Am folgenden Tag, einem heißen Augusttag des Jahres

1895, kommt es zu einem harmonischeren Gespräch dieser beiden so gegensätzlichen Frauen. Lily vertraute sich der älteren Genossin an, erzählte freimütig aus ihrem Leben. Clara Zetkin hörte aufmerksam zu und sagte freundlich: »Im Zwiespalt der Empfindungen kann niemand dem anderen helfen. Ich weiß nur eins gewiß: ist Ihre Überzeugung erst vollkommen klar und unerschütterlich, so verschwindet vor ihr das bloße Gefühl wie Sommerschwüle vor dem Gewitter. Zu dieser Überzeugung zu gelangen, das ist freilich das Schwerste. Die Logik der Tatsachen, die Lebensverhältnisse pauken dem Proletariat eine Auffassungsweise ein, die sich der bürgerliche Idealist mit großer Mühe aneignen muß, wenn es ihm überhaupt trotz aller Ehrlichkeit gelingt, den alten Adam der bürgerlichen Ideen abzulegen. Es ist so furchtbar schwer, aus seiner Haut zu fahren, sich von dem zu befreien, was Vererbung und Milieu aus uns gemacht haben.«

Clara Zetkin kommt Lily von Gizycki aber auch in der Sache entgegen. Inoffiziell will sie ihren Rat nicht versagen. »Setzen Sie sich in Berlin mit den Gewerkschaften in Verbindung, speziell mit den Konfektionsarbeiterinnen, die gerade in einem Lohnkampf stehen und Ihren Ausschuß als Unterstützung ihres Anliegens betrachten werden. Vor allem aber setzen Sie sich mit Dr. Heinrich Braun in Verbindung. Gewinnen Sie ihn, so ist Ihnen geholfen ...«

Mit der Hilfe des sozialdemokratischen Publizisten und Sozialpolitikers Heinrich Braun versucht Lily ihr Projekt zu verwirklichen. Als es schließlich von einem aufgeschlossenen Interessenten finanziert werden soll, verzichtet sie in letzter Minute. Der Mäzen hatte zur Bedingung gestellt, daß die Initiatorin den Zentralausschuß streng parteipolitisch neutral, vor allem ohne jegliche sozialdemokratische Tendenzen aufzubauen und zu führen sich verpflichtete. Obwohl der vermittelnde Publizist ihr zuriet, um der großen Zukunftsaufgabe willen diesen Bedingungen zuzustimmen, lehnte Lily ab. Sie wollte von ihrer politischen Konzeption, den aufzubauenden Informationsapparat im Sinne der sozialdemokratischen Ziele zu nutzen, nicht lassen. Ihre Enttäuschung suchte sie durch Engagement und Aktivitäten zugunsten der streikenden Konfektionsarbeiter zu überwinden. Wochenlang recherchierte sie in Fabriken, in Elendsquartieren der

Heimarbeiter und den Zahlstellen der Gewerkschaften, um den Notleidenden, deren Streik um bessere Lohn- und Arbeitsbedingungen im ganzen Reich sozialpolitische Signalwirkung zuerkannt wurde, zu helfen. Die Archivierung der reichen Materialien dieses Streiks, ihr beginnender Einsatz als Rednerin für die Parteiziele waren der Beginn einer fast ein Jahrzehnt währenden agitatorischen Tätigkeit, die für ihr späteres publizistisches Wirken Bedeutung erlangte. Die Zusammenarbeit mit dem Sozialpolitiker Heinrich Braun, der bereits einen Namen als Leiter des Archivs für soziale Gesetzgebung und Statistik besaß, führte im persönlichen Bereich zu einem Höhepunkt ihres Lebens. Beide verbindet bald neben gemeinsamen geistigen und politischen Zielen auch eine tiefe menschliche Zuneigung. Heinrich Braun trennt sich von seiner Frau und zieht nach Berlin, um mit Lily eine neue Ehe einzugehen. Sie wird über zwanzig Jahre hinweg eine fruchtbare Lebens- und Arbeitsgemeinschaft, in der beide Partner, ungeachtet mancher bitteren Enttäuschung und Rückschläge viele Erfolge erringen. Heinrich Braun wird der Vater ihres Sohnes Otto, mit dem sich ihr sehnlicher Wunsch, Mutter zu werden, erfüllte.

Obwohl sie gemeinsam mit Clara Zetkin inzwischen an der Herausgabe der sozialdemokratischen Frauenzeitschrift »Die Gleichheit« beteiligt war, brachte das Jahr 1896 neue ernsthafte Spannungen und Auseinandersetzungen mit der verantwortlichen Frauenfunktionärin der SPD. In Berlin sollte ein bürgerlicher Frauenkongreß stattfinden, für den Lily Braun einen Vortrag über die Arbeiterinnenfrage angekündigt hatte. Auf dem Gothaer Parteitag der SPD im gleichen Jahr hatte Clara Zetkin die »grundsätzlichen Auffassungen« vorgetragen, wonach die Frauenfrage und die volle Emanzipation letztlich nur im Zusammenhang mit den ökonomischen Fragen der Arbeiterklasse zu lösen seien. Von einer Einschätzung der Klassenlage ausgehend, sei auch in der Frauenfrage zu unterscheiden zwischen den Damen der Hochbourgeoisie, dem Mittel- und Kleinbürgertum und schließlich der proletarischen Frau. Eine solche Differenzierung bedeutete für Clara Zetkin die Unvereinbarkeit der bürgerlichen und der proletarischen Frauenbewegung. Während die Arbeiterfrau *mit* ihrem Mann gegen den Kapitalismus kämpfe, habe die bürgerliche Frau *gegen* ihren Mann die Emanzipation und volle Gleichberechtigung durchzusetzen.

Frauenaufklärung bedeutete demnach ausschließlich sozialistische Agitation, um das Klassenbewußtsein der Proletarierin zu wecken. Lily Braun bejahte die Grundsatzerklärung durchaus, meinte aber – und man wird dem aus heutiger Sicht zustimmen können –, daß zahlreiche kleinbürgerliche Frauen wie Lehrerinnen, kaufmännische Angestelle und andere nicht zur Bourgeoisie zählten, sondern natürliche Verbündete der Arbeiterfrauen wären. Nach ihrer Darstellung stimmte August Bebel, mit dem sie darüber sprach, daß Clara Zetkin ihr namens der Partei untersagt hatte, auf dem Frauenkongreß zu reden, ihr zu. »Ich befinde mich mit ihr (Clara Zetkin, DB) stets in kleinen Konflikten wegen der ungeschickten Taktik«, meinte Bebel. »Sie käme mit sachlich-ruhiger Darstellung anstelle der oft gehässigen Art, mit der sie die bürgerliche Frauenbewegung bekämpft, viel weiter.«

Die dramatische Unterredung zwischen beiden Frauen hat Lily Braun notiert. »Clara Zetkin: ›Sie werden noch viel lernen müssen, Genossin Braun. Ich fand Ihren Namen auf dem Kongreßprogramm. Sie müssen ihn zurückziehen!‹ L.B.: ›Warum? Bebel hatte gegen meine Teilnahme nichts einzuwenden!‹ C.Z.: ›Bebel – er sieht die Dinge aus der Vogelperspektive, vor allem die Frauenbewegung. Die Genossinnen haben beschlossen, die Aufforderung zu offizieller Beteiligung abzulehnen.‹ L.B.: ›Ich weiß, aber im Frühjahr, als ich das Referat übernahm, bestand der Beschluß noch nicht. Ich würde meinen Rücktritt, so kurz vor dem Kongreß, für einen Wortbruch halten, der um so weniger zu entschuldigen wäre, als ich selbstverständlich mein Thema aufgrund meiner politischen Überzeugung behandeln werde und es für dies Publikum sehr nützlich ist, auch diese ihm ganz fremde Seite kennenzulernen. Zahlreiche Elemente, die der bürgerlichen Frauenbewegung in die Arme liefen – Lehrerinnen, Handelsangestellte, Beamtinnen –, gehören ihrer Lage nach zu uns. Wir können sie nur gewinnen, wenn wir ihnen bis ins feindliche Lager nachgehen.‹«

Clara Zetkin unterbrach: »Sie irren. Diese Leute kommen für uns zunächst gar nicht in Betracht. Und wenn Sie wirklich durch Ihre Überredungskünste zwei oder drei gewinnen würden, stünde der Nachteil, den Ihre Teilnahme an einer bürgerlichen Veranstaltung zur Folge hätte, nicht im Verhältnis zu diesem minimalen Gewinn.«

Clara Zetkin wurde dann freundlicher. »Sie sind eben erst die Unsere geworden. Sie sind Aristokratin, Gründe genug, um Ihnen mißtrauisch zu begegnen, um Ihnen die Tätigkeit in der Partei, von der ich soviel erwarte, sehr zu erschweren. Nun wollen Sie als einzige, gegen unseren Beschluß, an diesem einseitig feministischen Kongreß teilnehmen? Das verstehen die Genossen nicht.«

Lily Braun beugte sich dem Parteibeschluß. Sie empfand sich jedoch als Heuchlerin, weil Clara Zetkin sie nicht überzeugt hatte. Sie war weiterhin fest davon überzeugt, daß es, gerade im Interesse der Proletarierinnen, notwendig sei, im Kampf gegen die alte Gesellschaft die natürlichen Verbündeten zu suchen und zu gewinnen. Doch der Appell der »erfahreneren« Genossin an ihre Vergangenheit und die Drohung, das Vertrauen der Arbeiterinnen in der Partei zu verlieren, ließen sie sich der Parteidisziplin beugen. Sie würde noch lange an diese Auseinandersetzung denken, das wußte sie.

Wer sich für die politischen Fragestellungen jenes Jahrzehnts interessiert, in dem sich das neunzehnte Jahrhundert dem Ende näherte, wer besonders den Zielen und Bestrebungen der Sozialdemokraten sein Interesse zuwendet, der sollte die ökonomisch-soziale Entwicklung in Deutschland, im letzten Drittel des neunzehnten Jahrhunderts, nicht aus dem Auge verlieren. Die durch Bismarcks Politik erreichte Vereinigung von mehr als zwanzig Kleinstaaten zu einem großen Einheitsstaat entsprach nationalen Forderungen des Adels, eines sich wirtschaftlich entfaltenden Bürgertums und der sich politisch formierenden Arbeiterbewegung. Nach dem Krieg von 1870 begann Deutschlands Aufstieg zu einem Industrieland ersten Ranges. Allerdings bleibt es eine historisch nicht zu leugnende Tatsache, daß die Einigung mit den Machtmitteln junkerlicher Politik, die gewissermaßen »von oben« bewirkt wurde, eine schwere Hypothek für jede liberale, bürgerlich-fortschrittliche Entwicklung bedeutete, die sich für die Zukunft negativ auswirkte. Feudale Gesellschaftsregeln engten die bürgerlichen Freiheiten ein. Als Beispiel sei hier auf das Dreiklassenwahlrecht im größten deutschen Staat, in Preu-

Sozialdemokratisches Flugblatt als Wahlagitation

ßen, verwiesen, das die Herrschaft der Großagrarier und Industriebarone bis zum Ende des Kaiserreiches zu sichern vermochte. Der Hof- und Schwertadel behielt seine jahrhundertealten Privilegien. Er stellte nach wie vor die Spitzen der Beamten in allen deutschen Ländern und übte einen entscheidenden Einfluß auf die Besetzung der höheren Offiziersstellen in Armee und Marine aus. Auch wenn das Großbürgertum in Deutschland nicht an die Machtpositionen heranreichte, wie sie seine Standesgenossen in England oder Frankreich ausübten, so festigte es nach 1871 seinen Einfluß in Preußen und im übrigen Reich. Die schnell wachsende kapitalistische Industrialisierung ließ das Bürgertum auf Kosten der ausgebeuteten Arbeiterschaft reich werden. Politisch blieb sein Einfluß verhältnismäßig schwach. Es machte seinen Frieden mit dem Adel und fand im Kaiser den ihm gemäßen Repräsentanten. Wilhelm II. wurde zum Symbol eines halb feudalen, halb kapitalistischen Systems, was durch seine engen, ja freundschaftlichen Beziehungen zu mächtigen Wirtschaftsführern wie dem Hause Krupp oder dem Hamburger Reeder Ballin zum Ausdruck kam. Als industrielle Macht ließ Deutschland in dieser dynamischen Aufstiegsphase Frankreich weit hinter sich. Um die Jahrhundertwende gelang es dem Reich sogar, England zu überholen, während die Vereinigten Staaten bereits 1906 mehr als Deutschland und England zusammen produzierten. Es begann der Wettkampf um den Weltmarkt, jene aggressive Wachstumsentwicklung, die sowohl von bürgerlichen als auch von sozialistischen Theoretikern als die Epoche des Imperialismus bezeichnet wurde. Die nachstehenden Zahlen machen den ungeheuren Produktionsanstieg und das Tempo des wirtschaftlichen Aufstiegs deutlich.

*Prozentanteil an der Welt-Fabrikproduktion 1870–1910*

| Zeit | USA | Deutschland | England | Frankreich | Rußland |
|---|---|---|---|---|---|
| 1870 | 23,3 | 13,2 | 31,8 | 10,3 | 3,7 |
| 1881–1885 | 28,6 | 13,9 | 26,6 | 8,6 | 3,4 |
| 1896–1900 | 30,1 | 16,6 | 19,5 | 7,1 | 5,0 |
| 1906–1910 | 35,3 | 15,9 | 14,7 | 6,4 | 5,0 |

Die intensive Steigerung der Industrieproduktion ging mit dem Wachstum der Betriebe, besonders der Großbetriebe, Hand in Hand. Die folgende Tabelle zeigt diese Entwicklung in Deutschland im Zeitraum eines Vierteljahrhunderts, nämlich von 1882 bis 1907:

*Zahl der Betriebe und der Beschäftigten nach Größenklasse*

| | Betriebe mit 6–50 Arbeitern | Betriebe mit 51–1000 Arbeitern | Betriebe mit mehr als 1000 Arbeitern |
|---|---|---|---|
| 1882 | | | |
| Betriebe | 112715 | 9847 | 127 |
| Arbeiter | 1391720 | 1400087 | 213160 |
| 1895 | | | |
| Betriebe | 191301 | 18701 | 252 |
| Arbeiter | 2454333 | 2595536 | 448731 |
| 1907 | | | |
| Betriebe | 267410 | 31501 | 506 |
| Arbeiter | 3644415 | 4395380 | 954645 |

Als Beispiel dafür, in welchen Verhältnissen Proletarier damals lebten, sei hier das Wohnungsproblem erwähnt. Das ungeheure Wachstum der Industrie seit 1871 und die gigantische Vergrößerung der Städte (von 1870 bis 1900 stieg die Stadtbevölkerung in Deutschland von rund einem Drittel auf etwa die Hälfte der Gesamtbevölkerung) war mit einer enormen Verschlechterung der Wohnverhältnisse der Arbeiterfamilien und des Kleinbürgertums verbunden. Kurz und treffend formulierte es der Berliner Maler und Grafiker Heinrich Zille, wenn er sagte, daß man mit einer Wohnung einen Menschen genauso totschlagen könne wie mit einer Axt. In Berlin und anderen Großstädten entstanden die Mietskasernen, Blöcke von Arbeiterquartieren mit vier, fünf oder auch sechs gestaffelten Hinterhöfen, in die größtenteils kein Strahl Sonne fiel. Das war das Schlimmste an der »kapitalistischen Wohnkultur«, daß die meisten Räume licht- und sonnenlos blieben, daß die Kinder auf dunklen, feuchten und schmutzigen Höfen spielten, umgeben von hohen Häusermauern und den Müllkästen.

Zeichnung von Heinrich Zille

*Allein in der Reichshauptstadt stieg zwischen 1870 und 1910 der Prozentsatz von Hinterhauswohnungen ohne Fenster zur Straße, stets im Schatten gegenüberliegender Mauern gelegen, von achtundzwanzig auf achtundvierzig Prozent. Von hundert Wohnungen in Berlin mit zwei oder weniger Räumen (einschließlich der Küche) waren noch 1910 siebzig solche lichtlose Behausungen. In derartig ungesunden Wohnungen lebten meist mehr als zwei Menschen pro Raum. Eigene Wasserspültoiletten besaßen im Jahr 1910 (für 1900 liegen keine Angaben vor, die Verhältnisse waren jedoch um 1900 noch schlechter als 1910) von hundert Wohnungen in Berlin nur zweiundvierzig, in Breslau fünfzehn, in Halle siebzehn, in Stettin zwanzig und in Köln dreiunddreißig. (Das Tabellenmaterial entstammt Jürgen Kuczynski: »Die Geschichte der Lage der Arbeiter in Deutschland«, Berlin 1947.)*

Es ist bei Kenntnis solcher Lebensverhältnisse der Arbeiterfamilien einleuchtend, daß die Proletarierin die Hauptlast an Nöten und Sorgen trug. Viele Männer suchten nach der schweren täglichen Arbeit abends lediglich ihre Entspannung. Die Hausarbeit und die Sorgen um die heranwachsenden Kinder lasteten voll auf den Müttern. Ihr elendes Dasein, dazu ihre vollkommene Rechtlosigkeit, ihre politische und geistige Entmündigung, das waren die Probleme, denen Lily Braun sich ungeachtet ihrer Enttäuschungen in der Parteiarbeit nunmehr noch intensiver zuwandte. Es war das Ergebnis vieler Begegnungen mit Textil- und Konfektionsarbeiterinnen, Heimarbeitern, Dienstboten und natürlich der ständigen Kontakte mit den Genossinnen der Berliner Parteigruppe, daß Lily den Entschluß faßte, ein zusammenfassendes, auf wissenschaftlichen Materialien und Statistiken beruhendes Werk zu schreiben. Letzten Anstoß dazu boten Kongreßerfahrungen, die sie in Zürich gemacht hatte. Es war um den Arbeiterschutz gegangen, und die Diskussion um die Frage der Frauenarbeit hatte die Geister geschieden. Eine harte Auseinandersetzung war um diesen Komplex entstanden. Einerseits forderten katholische Sozialreformer aus christlicher Motivation das Verbot der großindustriellen Frauenarbeit. Auf dem entgegengesetzten Flügel agierten die deutschen Arbeiterführer Bebel und Liebknecht, der Belgier Vandervelde und Adler aus Wien. Zuletzt ging es um einen dementsprechenden Antrag des katholischen Demokraten Carton de Wiart: »Der Säugling verkommt in Hunger und Schmutz, die heranwachsenden Kinder werden ein Opfer der Straße; vom erloschenen Herdfeuer flieht der Mann und sucht Trost und Wärme im Trunk ...«

Lily Braun bestritt nicht, daß solch ein Bild, dem Pathos der Zeit entsprechend ausgemalt, zutraf. Doch sie, als Sozialdemokratin, sah die Arbeit als ein unabdingliches Instrument des Fortschritts an und rief dem Züricher Kongreßpublikum entgegen: »Auch wir sind für die Verkürzung der Arbeitszeit, für den gesetzlichen Mutterschutz, für das Verbot der Frauenarbeit in gesundheitsschädlichen Betrieben, aber für ein Verbot der Frauenarbeit überhaupt sind wir nicht. Denn nicht jenes idyllische Bild glücklichen Familienlebens, das Herr de Wiart in leuchtenden Farben malte, würde seine Folge sein, sondern eine noch größere Zerstörung der Familie, eine noch gefährlichere Untergrabung weiblicher Kraft.

Weder Laune noch Neigung treibt die Frauen in Scharen in die Fabriken, sondern Not. Schließt ihnen deren Tore, und dieselbe Not wird sie in das Elend der Heimarbeit treiben. Wo schrankenlos die Ausbeutung herrscht, wird sie demjenigen Frauenberuf zuführen, vor dem weder die christliche Sittlichkeit des Staates, noch die Ritterlichkeit der Männer das weibliche Geschlecht jemals gehütet haben: der Prostitution!« Lily Braun setzte sich und vernahm die Ausführungen von Clara Zetkin, denen sie voll zustimmte.

»Die berufliche Arbeit der Frau, das ist die Grundlage ihrer sozialen Befreiung. Die Arbeit ist ihre Menschwerdung. Was sie auf der einen Seite zerstört, baut sie auf der anderen wieder auf für die sittliche und geistige Einheit von Mann und Frau. Aus den Konflikten zwischen Beruf und Haus erwachsen dem Weibe zwar die größten Schmerzen, aber auch die größte Kraft. Nicht nur, weil ein Verbot der Frauenarbeit heute die Not steigern würde, wie meine Vorrednerin Ihnen auseinandersetzte, stimmen wir geschlossen gegen den Antrag Wiart, sondern weil wir Frauen die Arbeit wollen, um unserer Selbstbefreiung willen, um einer künftigen Neugestaltung der Ehe und der Familie willen, die die ökonomische Unabhängigkeit des Weibes zur Voraussetzung hat.«

Zurück in Berlin, am eigenen Schreibtisch, überkamen Lily Braun Skepsis und Zweifel. Seit sie selbst Mutter war, erschien ihr die Selbstsicherheit und Schnelligkeit des bisherigen Urteils fragwürdig. Freilich, sie war keine Industriearbeiterin, brauchte nicht Hausarbeit und Kindererziehung nach zehn- oder elfstündigem Arbeitstag abends nachzuholen. Doch oft genug hatte sie ihr kleines Kind einer Pflegerin anvertrauen müssen, bei Reisen, wie der nach Zürich, oder bei den vielen abendlichen Versammlungen, auf denen sie als Rednerin wirkte. Nicht nur, daß sie die Bitterkeit, den Groll, ja gelegentlich auch das Mißtrauen der Arbeiterinnen gegen sie, die »Gefühlssozialistin«, die Frau aus der Welt der Herrschenden, zu verstehen suchte, sie begriff, daß ihr geplantes Buch über die Frauenfrage, deren historische, wirtschaftliche und rechtliche Aspekte, dem Befreiungskampf außerordentlich nützlich sein könnte.

Ernüchternd, ja deprimierend wirkte eine Art Test, den sie bewußt vornahm, indem sie mit den aktiven Genossinnen der

Partei über ihren Plan sprach. Diese Frauen, die der Wissenschaft eine fast unbegrenzte Bedeutung zumaßen, rümpften die Nase über das Projekt und äußerten ziemlich unverhüllt, daß sie es als einen Vorwand der Genossin Braun ansahen, um sich vor der Agitation und zeitraubenden Parteiarbeit an der Basis »zu drücken«. Von Kommentaren wie diesen berichtet Lily Braun: »Wer so 'ne Erziehung jehabt hat, wie die Jenossin Braun, für den is det Schreiben doch keen Kunststück!« – »Im Erfurter Programm der Partei steht haarkleen allens, wat wir wollen.« Ottilie Baader, die maßgebende Berliner Funktionärin der Sozialdemokraten in Vertretung der in Stuttgart wohnenden Clara Zetkin, verlautbarte eisig: »Genosse Bebels Buch ›Die Frau und der Sozialismus‹ und die Artikel der Genossin Zetkin in der ›Gleichheit‹ sind als Grundlage der Bewegung mehr als ausreichend!«

Lily Braun schrieb dazu: »Alles Neue galt ihnen zunächst als etwas Feindliches. Diese ›Revolutionärinnen‹ hatten schon eine Tradition und waren tatsächlich häufig bereits ›reaktionär‹.«

Es fiel Lily Braun nicht leicht, in Zukunft hier und da Einladungen zu Referaten abzusagen. Nach wie vor stand sie vielen Arbeiterinnen als Beraterin zur Seite. Man muß bedenken, daß sie inzwischen in den Kreisen der Sozialdemokraten eine »berühmte Genossin« geworden war. Man wußte in den Ortsvereinen, daß der Saal brechend voll sein würde, wenn sie als Rednerin angekündigt war. Das gesprochene Wort, der flammende, ja leidenschaftliche Appell an die Zuhörenden besaßen damals, als die Menschen ohne Rundfunk, Kino und Fernsehen sich ein Bild des Zeit- und Weltgeschehens über Kundgebungen und sonstige öffentliche Veranstaltungen verschafften, eine uns heute vielfach kaum vorstellbare Wirkung. Reden konnten nur wenige, manche vermochten zu schreiben, andere waren imstande, sachlich fundierte Vorträge, kühl in der Form, zu halten. Lily Braun besaß die seltene Fähigkeit, temperamentvoll, anrührend, Emotionen weckend und doch zugleich fundiert und sachkundig Massen zu gewinnen, zu überzeugen und mitzureißen. Diese Arbeit in der politischen Arena, die ungeachtet aller Anstrengungen, ihr aufgrund des unmittelbaren Erfolgs tiefe Befriedigung vermittelte, trat vorerst in den Hintergrund.

Gegen Ende des vorigen Jahrhunderts zeichneten sich in der Arbeiterbewegung zwei neue Krisen ab, in die auch Lily und Heinrich Braun verstrickt waren. Einerseits führte die imperialistische Kolonial- und Flottenpolitik des deutschen Kaisers zur Herausbildung nationalistischer Strömungen. Sie erfaßten nicht nur Menschen aus dem Bürgertum und aus Akademikerkreisen (wir würden heute von Intellektuellen sprechen). Auch in der Arbeiterschaft gab es »Stehkragenproletarier«, die vom Einkommen her zur Arbeiterelite gehörten, von denen nicht wenige auf das nationalistische Machtgehabe hereinfielen. Mit Erstaunen und Enttäuschung bemerkte Lily Braun in ihrem weiten Freundes- und Bekanntenkreis, daß die Parolen vom zu gewinnenden »Platz an der Sonne«, vom glanzvollen Aufstieg des Reiches zur Weltmacht auch auf intelligente Menschen zu wirken begannen, die sie bereits für die Sache des Sozialismus gewonnen glaubte. Lily Braun wollte eine neue Gesellschaftsordnung und bejahte die Enteignung der Großgrundbesitzer und Industriemagnaten. Nicht eine Sekunde dachte sie daran, das sozialistische Fernziel zugunsten der Erschließung neuer Absatzmärkte der Bourgeoisie zu opfern. Für sie war es selbstverständlich, daß die deutsche Arbeiterschaft nicht auf Kosten der Ausgebeuteten in den kolonialen und von den führenden Industriestaaten abhängigen Ländern zu einem relativen Wohlstand kommen sollte. Solidarität mit den Ausgebeuteten und Unterprivilegierten aller Kontinente war für sie ein unverzichtbarer Teil der sozialistischen Revolution. Sie war auch darin konsequent, daß sie die prahlerischen Losungen des Kaisers von den »herrlichen Zeiten«, in die er das Volk führen wollte, mit seinen Rede-Attacken gegen den »inneren Feind« – gemeint war die Arbeiterbewegung – kritisch verglich und die Drohungen des Monarchen gegen die Sozialdemokratie sehr ernst nahm. In ihren Reden zitierte sie häufig ein bezeichnendes Wort Wilhelms II.: »Die Aufgabe, die uns allen aufgebürdet ist, die wir verpflichtet sind zu übernehmen, ist der Kampf gegen den Umsturz mit allen Mitteln. Wir werden nicht nachlassen, um unser Land von dieser Pest zu befreien, die nicht nur unser Volk durchseucht ...«

Das andere, gewissermaßen innerparteiliche Problem, das sich zu einer schwärenden Krise entwickelte und bereits damals den Keim zu einer endgültigen Spaltung der alten Sozialdemokratie in sich barg, war die Revisionismus-Debatte. Anfänglich betraf die Auseinandersetzung das taktische Vorgehen der Sozialdemokraten. Ursprünglich wäre der Gedanke eines innenpolitischen Kampfes, um parlamentarische Vertretungen zu gewinnen, etwa zur Zeit des von Reichskanzler von Bismarck durchgepeitschten Sozialistengesetzes (1878 bis 1890), jedem Revolutionär geradezu absurd erschienen. Aber die Partei war gegen Ende des vorigen Jahrhunderts keine Sekte mehr. Galt eine Wahlbeteiligung ursprünglich als verfemtes Paktieren mit der Bourgeoisie, so waren die alten Führer der Partei nun sogar bereit, trotz des reaktionären preußischen Dreiklassenwahlrechtes an den Landtagswahlen in Preußen teilzunehmen. Die Praxis politischer Arbeit müsse nach dem Motto betrieben werden: »Dem guten Willen die offene Hand, dem schlechten die Faust!« So formulierte es der bayrische Sozialdemokrat Georg von Vollmar, der damit die Chance wahrzunehmen gedachte, einen anfänglich bescheidenen, doch stetig wachsenden Einfluß auf den Gang der öffentlichen Angelegenheiten zu gewinnen. Auch Lily Braun rang sich zu der Erkenntnis durch, daß im Zuge einer fortschreitenden Entwicklung manche Grundsätze der Partei, wie sie beispielsweise das Erfurter Programm formuliert hatte, durch den Ansturm der praktischen Aufgaben als überholt anzusehen seien. »Schon die Beschäftigung mit der Agrarfrage hatte gezeigt, daß die wirtschaftliche Entwicklung sich nicht überall mit den von Marx aufgestellten Gesetzen in Einklang bringen ließ. Und auch das vom Kommunistischen Manifest mit apodiktischer Sicherheit in Aussicht gestellte allgemeine Herabsinken in den Pauperismus (Massenverelendung; DB.) war nicht eingetreten. Die Lebenslage des Proletariats hatte sich vielmehr im Laufe des letzten halben Jahrhunderts gehoben ...«

Eduard Bernstein, der jahrzehntelang als Redakteur und Publizist die illegale Zeitung »Sozialdemokrat« als geistige Waffe der Partei aufgebaut hatte und mit Friedrich Engels befreundet gewesen war, lebte in England im Exil. Als Nachlaßverwalter von Engels und Parteipublizist von Rang war er für die deutschen Sozialisten eine Autorität. 1899 erschien sein Buch »Die Voraussetzungen des Sozialismus und die Aufgaben der Sozialdemokratie«, das für breite Akademikerkreise innerhalb der Partei den Auftakt zur Revisionismus-Debatte bildete.

Bernstein wollte weder das »Fundament noch Endziel« angetastet wissen. Angesichts der Veränderungen eines halben Jahrhunderts fand er es allerdings lächerlich, noch mit den Sätzen des »Kommunistischen Manifestes« von 1848 zu argumentieren. Ihm erschien es widersinnig, den Streit um die politische Macht lediglich als einen Kampf um die ausschließliche Herrschaft im Staat zu betrachten. Lily Braun stand dem Stubengelehrten Bernstein durchaus skeptisch gegenüber. Aber sie war nach Jahren ihrer aktiven Parteiarbeit nicht mehr blind für die Erkenntnis, daß politisches Handeln nicht dogmatisch dem Endziel, sondern auch der Erreichung von Etappenstationen dienen müsse. »Die Naivität jungen Glaubens, die noch keine Probleme kennt, ist für die Masse der Menschen die Voraussetzung ihres Enthusiasmus und damit ihrer Stärke. Ich hatte sie verloren wie viele meiner Genossen ... Die Tatsache, daß von hundert Wahlberechtigten nur achtzehn sozialdemokratische Stimmzettel abgeben und mehr als die Hälfte der erwachsenen männlichen Arbeiterschaft der Sozialdemokratie noch gleichgültig, wenn nicht feindlich gegenüberstand, bewies, wie weit wir noch vom Ziel entfernt waren!«

Erschrocken war Lily Braun über die Intoleranz, die Kälte und den Hohn, mit denen einige Funktionäre die Revisionismus-Auseinandersetzung weniger führten als bestimmen wollten. Während der akademischen Debatten, die von dem 1901 aus England nach Deutschland zurückkehrenden Eduard Bernstein durch Vorträge ausgelöst wurden, erlebte sie erstmals, daß Clara Zetkin der kühlen Beweisführung des Parteihistorikers Bernstein nichts entgegenzusetzen hatte als einen fanatischen Glauben an die visionär dargestellte Herrlichkeit des Zukunftsstaates.

Da streitet die Genossin Zetkin dem »Gegner« (der doch ihr älterer und erfahrener Parteigenosse ist!) jede ethische Motivierung rundweg ab. In schriller und falscher Tonart verhöhnt die verbitterte Frauenfunktionärin die »bürgerlichen Intelligenzen«, deren Hoffnungen auf den Sieg der Revolution nun allzuschnell gescheitert sind und die daher dem hohen Ziel entsagt haben. Gegenüber der Feststellung von Clara Zetkin, daß nur der Klassenkampf, der aus dem Klasseninteresse herstammt, dem Sozialismus die Welt erobern wird, fragt Lily Braun danach, welche Motive wohl die Begründer der neuen Lehre Karl Marx und Friedrich Engels, Ferdinand Lassalle und Wilhelm Liebknecht »auf die Seite der Enterbten getrieben« habe? Gehörten sie nicht zur bürgerlichen Intelligenz wie ja auch die frühere Lehrerin Clara Zetkin? Und als die für die Frauenarbeit in der Sozialdemokratie maßgebende Funktionärin schreiend die Parole ausgibt: »Eine reinliche Scheidung ist besser als ein fauler Friede ...«, notiert Lily Braun die für ihr zukünftiges Wirken innerhalb der Partei so bedeutsame und folgenschwere Erkenntnis: »Da wußte ich, daß die Partei der Freiheit Scheiterhaufen zu schichten imstande sein würde.«

Lily Braun zog die Schlußfolgerung, daß sie als Gegnerin von Clara Zetkin bei Wahrnehmung eines anderen Standpunktes »einen endlosen aufreibenden Kampf« führen müßte. Ihre Prognose erwies sich nicht nur in bezug auf Clara Zetkin zutreffend, sie blieb sogar noch weit hinter den Realitäten zurück. Die Fanatikerin Zetkin sollte zwei Jahrzehnte später zu den Mitbegründern der Kommunistischen Partei Deutschlands gehören, deren Führer sich am Ende der ersten deutschen Republik nicht schämen würden, die Sozialdemokratie als Steigbügelhalter von Adolf Hitlers Nationalsozialismus zu diffamieren. Clara Zetkin selbst rief noch im Winter 1932, als die Nazidiktatur sich bereits schon ankündigte, von der Tribüne des Reichstages als Alterspräsidentin den Parlamentariern ihre Hoffnung zu, Deutschland demnächst als »Sowjet-Republik« erleben zu können. Dazu kam es freilich nicht mehr. Wenige Wochen nach dieser letzten Rede auf dem Boden ihres Heimatlandes mußte die Fünfundsiebzigjährige nach Moskau emigrieren, wo sie 1933 starb und in Gegenwart Stalins an der Kremlmauer bestattet wurde.

Angesichts des Umstandes, daß bis zur Jahrhundertwende von fast vier Millionen Arbeiterinnen nur knapp dreiundzwanzigtausend Frauen gewerkschaftlich organisiert waren, das heißt 2,3 Prozent aller Arbeitnehmerinnen, erkennt Lily Braun, wie wichtig es ist, ihr geplantes historisches Buch über die Frauenfrage zu vollenden. Ihren theoretischen und praktischen Studien (nach England hat sie auch Frankreich besucht) entspricht ein Selbsthilfeprogramm der Arbeiterinnen, über das sie in vielen Veranstaltungen Auskunft gibt. Das Manuskript dieses Vortrags wird im Parteiverlag der Sozialdemokratie 1901 gedruckt und erregt weithin Aufsehen. Nicht »Pflästerchen« von den Reichen oder vom Staat wünscht die Autorin, mit »Wohltaten« beleidige man die arbeitenden Männer und Frauen. Nein, es ist Solidarität, Gemeinsinn, Einfallsreichtum und Initiative, die – völlig unabhängig vom Kampf um Rechte wie den Achtstundentag für Arbeiterinnen – ihrer Meinung nach im Bereich des möglichen liegen. Denn zur Zeit arbeiten die Frauen noch elf, im günstigsten Fall zehn Stunden täglich, es bleiben ihnen höchstens fünf Stunden für Hausarbeit und Kinderbetreuung übrig. In der Wirklichkeit sind es selten soviel, denn Arbeitsweg oder auch Überstunden verkürzen diese karge »Freizeit« zumeist erheblich. Lily Brauns Plan ist geradezu verblüffend einfach: Sie fordert zum Wohl der Arbeiterinnen und ihrer Familien die Entwicklung des Genossenschaftsgedankens. Die geplante »Wirtschaftsgenossenschaft« stellt sie sich folgendermaßen vor:

»In einem Häuserkomplex, der einen großen, hübsch bepflanzten Garten umschließt, befinden sich etwa fünfzig bis sechzig Wohnungen, von denen keine eine Küche enthält; nur in einem kleinen Raum befindet sich ein Gaskocher, der für Krankheitszwecke oder zur Wartung kleiner Kinder benutzt werden kann. Anstelle der fünfzig Küchen, in denen eine gleiche Zahl Frauen zu wirtschaften pflegt, tritt eine im Erdgeschoß befindliche Zentralküche, die mit allen modernen arbeitssparenden Maschinen ausgestattet ist. Gibt es doch schon Abwaschmaschinen, die in drei Minuten zwanzig Dutzend Teller und Schüsseln reinigen und abtrocknen. Vorratsräume und Waschküche, die gleichfalls selbsttätige Waschmaschinen enthält, liegen in der Nähe; ebenso ein großer Eßsaal, der zu gleicher Zeit Versammlungsraum und tagsüber Spielzimmer der Kinder sein kann. Ein kleineres Lesezimmer schließt sich ihm an. Die ganze Hauswirtschaft steht unter einer erfahrenen Wirtschafterin, deren Beruf die Haushaltung ist, ein oder zwei Küchenmädchen stehen unter ihrer Aufsicht.

Die Mahlzeiten werden, je nach Wunsch und Neigung, im gemeinsamen Eßsaal eingenommen oder durch besondere Speiseaufzüge in alle Stockwerke befördert. Die Erwärmung der Wohnung erfolgt durch Zentralheizung, so daß auch hier die fünfzig Öfen durch einen ersetzt werden. Während der Arbeitszeit der Mütter spielen die Kinder, sei es im Saal, sei es im Garten, wo Turngeräte und Sandhaufen allen Altersklassen Beschäftigung bieten, unter Aufsicht der Wärterin. Abends, wenn die Mutter sie schlafengelegt hat und die Eltern mit Freunden plaudern oder lesen wollen, gehen sie hinunter in die gemeinsamen Räume, wo sie sich die Unterhaltung nicht durch Alkoholgenuß zu erkaufen brauchen, wenn sie kein Bedürfnis danach haben. Dieser Plan läßt sich modifizieren, ausbauen oder vereinfachen. Erweitern ließe er sich, sobald etwa auch das Reinigen der Wohnungen zentralisiert werden sollte. Durch Einführen von elektrischem Licht, durch Einrichtung geschmackvoller Räume für gesellige Zwecke, Anlegung von Kegelbahnen und dergleichen mehr ließe er sich noch reicher ausgestalten.«

Lily Braun setzt sich sodann mit möglichen Einwänden auseinander, die die Finanzierung der Genossenschaften und der anzustellenden technischen Hilfskräfte betrifft.

»Nicht nur, daß diese Ausgaben sich auf fünfzig bis achtzig Familien verteilen würden, sie würden durch die Vorteile des Einkaufs im großen, der Ersparnis an Feuerung und der rationelleren Wirtschaftsführung reichlich wieder eingebracht werden. Die größere Schwierigkeit besteht in der Frage, auf welchem Weg sich die Wirtschaftsgenossenschaft praktisch verwirklichen läßt.« Die Autorin verwirft die Idee, auf die vorhandenen Mietskasernen zurückzugreifen. »Ein anderer Weg bietet sich in den Baugenossenschaften, deren Ziel es ist, Häuser nicht zum Eigenerwerb, sondern auf der Grundlage gemeinsamen Besitzes und gemeinsamer Verwaltung zu errichten.«

Eine Fülle von praktischen Ideen zur Verwirklichung ihres Hauswirtschafts- und Genossenschaftsplans steuerte Lily Braun selbst bei, die in den Wirtschaftsstrukturen der Zeit wurzeln und daher heutzutage wenig interessieren. Aber bedeutsam nicht nur für die Sozialgeschichte der damaligen Zeit, sondern bezeichnend für den ethischen und zukunftweisenden Charakter der Sozialismusvorstellung einer großen Individualistin, die sich dem Gesamtwohl verpflichtet fühlte, sind ihre Darlegungen über die von ihr gewünschten moralischen Auswirkungen des Projektes.

»Für die Kinder, selbst für die kleinsten, wäre das genossenschaftliche Leben von unberechenbarem Vorteil. Nicht nur, daß sie beschützt wären vom Einfluß der Straße und der traurigen Frühreife der Stadtkinder, sie würden auch zeitig den Geist der Brüderlichkeit in sich entwickeln lernen. Für die Frauen aber bedeutet die Wirtschaftsgenossenschaft eine der Grundlagen ihrer Befreiung. ›Die Frau befreien heißt nicht ihr die Pforten der Universität, des Gerichtshofes, des Parlamentes öffnen‹, sagt Peter Krapotkin, ›es heißt vielmehr, sie von dem Kochherd und dem Waschfaß befreien, heißt solche Einrichtungen treffen, die ihr gestatten, ihre Kinder zu erziehen und am sozialen Leben teilzunehmen.‹ Den Emanzipationskampf, den die Frau heute kämpft, wird sie niemals siegreich zu Ende führen können, wenn sie sich nicht vorher Zeit und Ruhe erobert hat und ihr Leben in Harmonie brachte zu ihren Bestrebungen. Erst wenn die Frau nicht mehr unter doppelten Berufspflichten zu seufzen hat, bei denen sie sich körperlich und geistig aufreibt, wird sich auch ihre Arbeitsfähigkeit beurteilen lassen. Wie die Dinge heute liegen, muß die verheiratete Arbeiterin immer hinter dem Mann zurückstehen, weil sie nicht wie er die Möglichkeit hat, in Stunden der Ruhe neue Kräfte zu sammeln. Für die geistige Arbeiterin gilt das ganz ebenso. Ihr Kopf, der angefüllt ist mit tausend kleinen Wirtschaftssorgen, kann nicht daneben noch klare, über den engsten Interessenkreis hinausreichende Gedanken reifen lassen.«

In den letzten Sätzen geht die Autorin von eigenen Lebenserfahrungen aus. Sie wußte nur allzu gut, wieviel Kraft und Konzentrationsfähigkeit ihr selbst verlorengingen, wenn sie an eigene Haushaltssorgen und versäume Mutterpflichten dachte, Pflichten, die sie teilweise an eine Haushälterin delegieren mußte, um als freiberufliche Publizistin und Politikerin tätig sein zu können. Am Schluß ihres Vortrages setzt sie sich mit den zu erwartenden Gegenargumenten aus dem bürgerlichen Lager auseinander, versucht aber auch bereits jenen Polemiken zu begegnen, die aus den Reihen der Parteidogmatiker, vor allem jedoch aus der Richtung der Frauenfunktionärin Clara Zetkin kommen werden.

»Bedeutet das nun alles ›Umsturz‹, ›Auflösung der Familie‹ und wie die schönen Schlagworte noch alle heißen, mit denen man Philister zum Gruseln bringt? Die Küche gewissermaßen zur Grundlage der Familie zu machen, indem man erklärt, daß sie mit ihr steht und fällt, heißt den Begriff der Familie entweihen. Wäre es tatsächlich nichts als der Herd, der sie zusammenhält, so wäre sie wert, zugrunde zu gehen. In Wirklichkeit liegt die Sache so: die äußere Form der Familie hat sich dauernd verändert. Das Feststehende im Wechsel ist das Verhältnis zwischen Mann, Weib und Kind. Seine Tiefe und Innigkeit entwickelt sich um so mehr, je mehr es losgelöst ist von äußeren Bedingungen. Im Altertum war das Weib des Mannes unterwürfige Sklavin, die erste Verwalterin seines Eigentums. In der Neuzeit hat er in ihr zumeist seine Haushälterin geachtet, die ihm, nach mehr oder weniger stürmischer Jugend, ein behagliches Zuhause schafft. In Zukunft wird sie ihm Geliebte und Freundin zugleich sein, mit der er Freuden und Leiden teilt, bei der er volles Verständnis findet. Den Kindern aber, denen sie einst nur Pflegerin der Säuglingsjahre war, soll sie Erzieherin und Freundin werden. Ist das Auflösung der Familie? Löst sie nicht vielmehr der jetzige Zustand auf, der die erwerbstätige Frau zwingt, sich körperlich und geistig zugrunde zu richten, der den Mann in die Kneipe, die Kinder auf die Straße treibt? Es sind jedoch nicht nur die Feinde der Frauenemanzipation, die auch unsere Gegner sind. Selbst aus den Reihen der Freunde tönen Bedenken aller Art hervor. Die Frauen der Genossenschafter, so heißt es, werden sich untereinander nicht vertragen; Zank, Streit und Klatsch wird der Sache ein klägliches Ende bereiten. Ich verkenne die Berechtigung dieses Einwands durchaus nicht. Es ist selbstverständlich, daß die Frauen, die infolge ihrer schlechten Erziehung und ihrer Überlastung gar nicht die Möglichkeit hatten, für ernste Fragen des Lebens Interesse zu gewinnen, sich mit dem Tun und Lassen des Nachbarn beschäftigen. Eine Wirtschaftsgenossenschaft kann sie natürlich nicht mit einem Schlage ändern. Wohl aber wird sie vielen Anlaß zu Klatsch und Streit aus dem Wege räumen, indem sie verhindert, daß der eine die Wirtschaftsführung des andern bemäkelt. Sie wird nach und nach gerade nach dieser Richtung hin einen wichtigen erzieherischen Einfluß üben. Wenn ferner von manchen Männern gesagt wird: ›Was soll die Frau denn tun, wenn sie nicht kocht?‹, und manche Frauen selbst mit wahrer Zärtlichkeit an ihrer Küche hängen, so möchte ich bemerken, daß die Wirtschaftsgenossenschaft hauptsächlich solche Familien vereinigen soll, deren weibliche Glieder einem selbständigen Beruf nachgehen und niemand, der sich von der Privatküche nicht trennen mag, dazu gezwungen werden kann. Damit sind die Einwendungen aber noch nicht erschöpft. Dieselben, die gegen jede genossenschaftliche Bewegung gerade aus den Reihen der fortgeschrittenen Arbeiter erhoben werden, machen sich auch hier geltend. Die Arbeiter werden, so heißt es, dadurch von ihrem Hauptziel abgelenkt; es werden Kräfte in Anspruch genommen, die der politischen Bewegung gehören sollten, und die Gefahr besteht, daß die Genossenschafter mit ihren eigenen Verhältnissen so zufrieden werden, daß sie die Not der anderen vergessen und die Solidarität inmitten kleiner Gemeinschaften auf Kosten der Solidarität des gesamten Proletariats genährt wird.«

Lily Braun hält die letztgenannten Argumente durch die politische Praxis für widerlegt. Am Ende betont sie ihre grundlegende Übereinstimmung mit den Auffassungen der Partei: »Wie die gewerkschaftliche so ist auch die genossenschaftliche Bewegung nichts als eines ihrer Glieder, das in dem großen Befreiungskampf des Proletariats notwendige Funktionen erfüllt. Alle Reformen haben klein angefangen: so ist aus dem kleinen Kramladen der armen Arbeiter von Rochdale die riesige englische Konsumgenossenschaftsbewegung herausgewachsen. ›Die kleine Privatküche‹, sagt August Bebel in seinem Buch ›Die Frau und der Sozialismus‹, ›ist genau wie die Werkstatt des Kleinmeisters ein überwundener Standpunkt, eine Einrichtung, bei der Zeit, Kraft und Material in unsinnigster Weise vergeudet und verschleudert werden.‹ Er schildert dann eine Küche, die auf der Weltausstellung von Chikago 1893 zu sehen war und in der durch Elektrizität geheizt, gekocht, gebraten und gespült wurde; ›unsere Frauen‹, so meint er, ›greifen mit beiden Händen zu, wenn diese Küche der Zukunft gegen die jetzige eingetauscht wird.‹ Er verlegt aber die gesellschaftliche Einrichtung der Nahrungsmittelbereitung in die ›Gesellschaft der Zukunft‹. Nun ist es zwar auch meine Ansicht, daß der endgültige Sieg der Wirtschaftsgenossenschaft über den Privathaushalt erst dann erfolgen kann, wenn anstelle der kapitalistischen Wirtschaftsordnung die sozialistische getreten ist, aber die Ablösung des Privathaushaltes durch die Wirtschaftsgenossenschaft wird nur nach und nach vor sich gehen können. Die Wirtschaftsgenossenschaft soll jenen Geist der Brüderlichkeit zur Herrschaft bringen helfen, ohne den eine Entwicklung besserer Zustände nicht denkbar ist. Sie soll nur einen Stein jenes stolzen Zukunftsbaues bilden, den einst eine glückliche Menschheit bewohnen wird.«

Manch einer, der diese Ideen, die Lily Braun am Anfang unseres Jahrhunderts entwickelte, an der heutigen nicht mehr seltenen Praxis von Wohngemeinschaften oder Genossenschaftswirtschaften mißt, wird nicht mehr lächeln über den hohen Ideenflug oder gelegentlich naiven Optimismus angesichts des sehr deutschen Zuges zum kleinbürgerlich-individuellen Familienleben, den eine so gebildete und mit dem Leben des Volkes verbundene Frau eigentlich hätte erkennen müssen. Tatsächlich gibt es in unserer Zeit Beweise für den grundsätzlich möglichen gemeinsamen Haushalt, sei er von einem größeren Kreis privater Initiatoren in Angriff genommen oder mit Hilfe staatlicher Unterstützung durchgeführt. Dem Autor sind in Thüringen, Mecklenburg und der Mark Brandenburg vorbildliche Einrichtungen in landwirtschaftlichen Produktionsgenossenschaften begegnet, die auf ihn tatsächlich wie eine exakte Umsetzung von Lily Brauns Plänen wirkten. Diese Genossenschaftseinrichtungen in der DDR funktionierten stets dann, wenn in den Dörfern (Berlstedt und Hottelstedt bei Weimar oder Neuholland bei Oranienburg) sozialistisch eingestellte Persönlichkeiten, erfüllt von Idealismus, die Kollektiveinrichtungen von der Küche bis zum Kindergarten, vom Bibliotheks- und Kulturzentrum bis zur Laienbühne, zum Laienorchester und zu weiterbildenden Volkshochschulkursen initiierten. Vom Versuch der herrschenden Staatspartei, mittels dieser Einrichtungen eine totale Kontrolle über die Genossenschaftsmitglieder zu erlangen, von den dabei an George Orwells »Farm der

Tiere« erinnernden Praktiken zu berichten, ist hier nicht der Ort.

Lily Braun säte Wind und erntete Sturm. »Der Zukunftskarnickelstall, wo sich das Familienleben auf das Schlafzimmer beschränkt!« höhnte die konservative Presse. »Die Kaserne als Idealzustand«, spotteten liberale Zeitungen. Und die biederen Hausfrauen, deren Zepter der Kochlöffel war, jammerten: »Die Männer werden überhaupt nicht mehr heiraten, wenn sie keine Hausfrauen brauchen!« Die bekannteste bürgerliche Frauenrechtlerin, Helene Lange, schimpfte auf die Autorin, weil sie »alle Frauen aus der trauten Häuslichkeit in die Kaserne« treiben wolle. Am größten jedoch war der Zorn von Clara Zetkin, die Lily Braun zu einer Besprechung bat.

»Sie haben die Interessen der Partei auf das schwerste verletzt«, begann die Frauenfunktionärin das Gespräch. »Ihre Agitation für die Haushaltungsgenossenschaft hat weitere Kreise gezogen, als gut ist. Dergleichen verwirrt die Köpfe und stört die Einheitlichkeit des Vorgehens. Immer wieder zeigt sich deutlich Ihr Mangel an proletarischem Bewußtsein!«

Das Gezänk, die menschliche Kleinlichkeit und politische Niedrigkeit, mit der Clara Zetkin und die von ihr abhängigen Funktionärinnen der Sozialdemokratie Lily Brauns Werk »Die Frauenfrage, ihre geschichtliche Entwicklung und ihre wirtschaftliche Seite« nach dem Erscheinen im Jahr 1901 kommentierten, hatte sehr persönliche Gründe. Clara Zetkin selbst hat kein grundlegendes theoretisches Buch geschrieben. Es war offenbar der krasse persönliche Neid auf Lily Brauns bedeutendes schriftstellerisches Talent, einen an sich spröden Stoff, mit einer außerordentlichen Fülle von statistischem Material angereichert, faszinierend darzustellen. Für die Qualität des Werkes gibt es zwei eindeutige, unleugbare Beweise. August Bebel, der selbst zwei Jahrzehnte zuvor sein Buch »Die Frau und der Sozialismus« geschrieben hatte, das in vielen Auflagen als Grundsatzwerk zum Thema anerkannt war, lobte Lily Brauns großangelegte Untersuchung im theoretischen Organ der Partei, »Neue Zeit«. Er empfahl dieses Buch, das nach seinen Worten »in der Literatur über die Frauenfrage einen der ersten Plätze einnimmt«, besonders wegen seines wissenschaftlichen Charakters, der durch Hinzufügung von Statistiken – auch die internationalen Entwicklungen betreffend – und vielen Quellenhinweisen offenbar werde. Die historische und aktuelle Bedeutung des Werkes führte jüngst zu einer Neuauflage; 1979 wurde das Buch im sozialdemokratischen Verlag J.H.W. Dietz Nachfolger als Reprint des Originals herausgebracht und dies unter anderem damit begründet, daß »über die wirtschaftliche Seite der Frauenfrage Probleme angeschnitten (werden), die zum Teil bis heute noch nicht ausreichend erforscht sind und in wichtigen Aspekten brennend aktuell geblieben sind, wie zum Beispiel Probleme der Konkurrenz der Geschlechter auf dem Arbeitsmarkt, das Verhältnis von weiblicher Erwerbstätigkeit und konjunktureller Entwicklung, die potentiell emanzipatorische Wirkung von Frauenerwerbsarbeit, Fragen der Lohngleichheit und Minderqualifikation ... Anhand eines beachtlichen Quellenmaterials werden Fragestellungen entwickelt, die für die sozialgeschichtliche Forschung noch heute zentral sind.«

Selbstverständlich erlebte Lily Braun nach dem Erscheinen ihres Buches die Genugtuung, daß ihre Mühen anerkannt und durch positive Kritik gewürdigt wurden. Vor allem war für sie bedeutungsvoll, mit dem Echo auf das Werk die Bestätigung zu erhalten, daß sie als Schriftstellerin eine über Tagesaufgaben hinausreichende Aufgabe zu erfüllen habe, was ihr nach den Enttäuschungen in der Parteiarbeit einen Weg in die Zukunft wies.

Während sie im privaten Bereich die Freuden einer bewußt gelebten Mutterschaft erfuhr, beunruhigte sie und ihren Mann der heftige Streit in der Sozialdemokratie zwischen »Radikalen« und »Revisionisten«. Sie äußerte: »Die wachsende Leidenschaft tötete jede Objektivität. Keiner gestand dem anderen die Ehrlichkeit der Gesinnung zu. Hinter jeder Äußerung eines Revisionisten entdeckte der orthodoxe Marxist Parteiverrat, in jeder Verteidigung des radikalen Standpunktes sah der Revisionist dogmatische Verbohrtheit und bewußtes Demagogentum. Er überhörte geflissentlich die Lehren der Psychologie und Geschichte, aus denen er hätte folgern können, daß die Verteidigung der Tradition, der grundlegenden Dogmen des Sozialismus, notwendig zu dem-

Clara Zetkin (1857 bis 1933). Als Lehrerin fand sie 1881 den Weg zur Sozialdemokratie. Bis 1918 aktive Funktionärin der deutschen und internationalen Frauenbewegung sozialistischer Richtung. Politische Publizistin. 1918 Mitbegründerin des Spartacusbundes und der KPD. Präsidiumsmitglied der Kommunistischen Internationale. Seit 1920 Reichstagsabgeordnete der KPD. Starb 1933 in Moskau
*(Foto: Archiv für Kunst und Geschichte, Berlin)*

August Bebel (1840 bis 1913). Beruf Drechsler, Mitbegründer und bedeutender Führer der deutschen Sozialdemokratie. Seit 1867 Mitglied des Norddeutschen Reichstages, seit 1871 des Deutschen Reichstages. Autor des Buches »Die Frau und der Sozialismus« (1883) und der Erinnerungen »Aus meinem Leben« (1910 bis 1914) *(Foto: Archiv für Kunst und Geschichte, Berlin)*

selben Haß, derselben Verfolgung der Angreifer führen muß, wie einst der des Heidentums gegen die Christen, der der römischen Kirche gegen die Reformation.«

Ein Teil des Funktionärskorps der Partei war von einem permanenten Mißtrauen gegen den »gebildeteren« Genossen, vor allem gegen die »Akademiker«, die Nicht-Proletarier, erfüllt. Lily Braun erkannte die Ursache dafür: »Bildungsschulen, wissenschaftliche Vorträge und Kurse kamen dem Verlangen nach Wissen entgegen und pfropften auf den lebensschwachen Baum der Volksschule ein Reis, unter dessen Früchten Dilettantismus und Bildungsdünkel am besten gediehen. Wozu ernste Denker Jahrzehnte brauchen, das glaubte der Proletarier in ein paar Abendstunden erreichen zu können. Daß er es glaubte, war nicht seine Schuld: die Naivität seiner Jugend unterstützte die Partei, die ihm in Wort und Schrift nichts mehr einprägte als die Überzeugung von der Dummheit seiner Gegner. Als Gegner erschienen ihm auch die Revisionisten. Zu seinem gefühlsmäßigen Haß gegen die Unruhestifter trat die hochmütige Verachtung der Akademiker hinzu ...«

Der Münchner Parteitag der Sozialdemokraten im Jahr 1902 vermittelte dem anwesenden Ehepaar Braun den Eindruck, als sollten alle diejenigen zum Schweigen gebracht werden, die eine andere Meinung zu äußern wagten als die der herrschenden Funktionärshierarchie. Besonders ein Antrag entsprach dieser Denkungsart. Er forderte, daß Parteimitglieder, die eine Kritik an Genossen und an deren Einstellung wagten, dies nur noch in parteieigenen Zeitungen tun dürften. »Ich glaube, die Leute haben sich in der Adresse geirrt«, sagte der »Revisionist« von Vollmar. »Das ist ein Antrag für die Zentrumspartei, für die Kirchenorgane mit dem Zensor obenan, wo nur eine Meinung gilt. Bis auf seine Wurzeln gilt es ihn zu verfolgen, sonst kehrt er alljährlich wieder und überwuchert unser Erdreich. Es ist der ewige Geist der Kontrolle, der Kasernenhofdisziplin, dem er entspringt. Nicht die freie Meinung unterdrücken, was eine Schwäche verraten würde, die nur dem Tode, das heißt der Versteinerung einer Bewegung dienen kann, sondern sie fördern ist unsere Aufgabe. Sollte der Versuch unternommen werden, selbständige Menschen mundtot zu machen, so wäre der kein echter Sozialdemokrat, der es fertigbekäme, sich solcher Zensur zu unterwerfen. Es wäre wahrhaftig nicht der Mühe wert, die Fesseln der bürgerlichen Gesellschaft von sich zu werfen, um sie nur mit neuen zu vertauschen!«

Lily Braun schrieb ihren Eindruck von dieser Debatte ins Tagebuch. Sie erschrak, als sie die gleichgültigen Mienen vieler Parteitagsdelegierter sah. Und sie stellte in Betroffenheit und Sorge die Frage: »Die Diktatur des Proletariats – wird sie die Freiheit sein?«

## 5. Bewährung

Vorerst brachte der Beginn des Jahres 1903 das Ende der unfruchtbaren Debatten. Lily Braun wurde zusammen mit ihrem Mann vor eine Aufgabe gestellt, die alle körperliche und geistige Kraft forderte. Es begann damit, daß uneingeladen ein Genosse aus Frankfurt an der Oder in ihrer Wohnung erschien. Der alte Schuster Weber kam im Auftrag der Parteileitung des Wahlkreises Frankfurt-Lebus. Er bot dem Genossen Heinrich Braun die Kandidatur für die Reichstagswahlen an und hatte sich gerade eine Abfuhr geholt, als Lily Braun die Wohnung betrat. »Schade, daß Sie mich nicht brauchen können, ich täte es!« sagte sie dem kleinen, lebhaften Gast, dessen blanke Augen ihr sympathisch waren. »Sie sollen sehen, wie wir Sie brauchen können, doch zuerst müssen Sie uns den Kandidaten und dann den Wahlkreis erobern helfen.« Als Genosse Weber gegangen war, gab es eine Auseinandersetzung zwischen den Brauns. Der Publizist erwog seit langem die Gründung einer sozialistischen Zeitschrift, er wußte natürlich, daß der kommende Wahlkampf ihm viel Zeit und Energie abverlangen würde. »Und das Archiv, glaubst du nicht, daß es seinem Ruf schädlich ist, wenn ich für die Partei kandidiere oder gar Mitglied der Reichstagsfraktion werde?« – »Ach, das Archiv, immer das Archiv! Wenn du demnächst eine sozialistische Zeitschrift leitest, wird das auf das Archiv nicht anders wirken, als wenn du Abgeordneter bist ...«, antwortete ihm Lily. »Alle Wetterzeichen deuten auf einen großen Kampf, und du könntest abseits bleiben, wenn man dich zu den Waffen ruft?«

In der Wandelhalle des Reichstagsgebäudes sprachen Lily und Heinrich Braun mit einem Mitglied des Parteivorstandes, dem alten Genossen Ignaz Auer.

»Mir ist die Kandidatur für Frankfurt-Lebus angeboten worden, was halten Sie davon?« fragte Braun. Auf dem Gesicht des erfahrenen Funktionärs zeigte sich Spott. »Ich kenne den Wahlkreis: Äcker, nichts als Äcker, und Bauern und Rittergüter, wenig Industrie, kurz, ein böser Winkel.« – »Aussichtslos?« fragte Heinrich Braun. »Aussichtslos, nein. Nur erleben wir beide seine Eroberung nicht mehr ...«

Wenige Stunden später sagte Heinrich Braun bei einem Treffen mit dem alten Genossen Weber aus Frankfurt: »Hier haben Sie mich. Ignaz Auer sagte, wir würden die Eroberung des Kreises nicht erleben – das gab den Ausschlag. Die gebratenen Tauben, die in den Mund fliegen, schmecken mir nicht!«

Die Augen des Schusters strahlten, in einem kleinen Café in der Potsdamer Straße saßen die drei noch lange zusammen, und Weber erzählte aus seinem Leben, wie er als armer Schustergeselle in die Welt hinausgewandert war, sich in Frankfurt niedergelassen hatte und als Sozialdemokrat für eine bessere Zukunft kämpfte. »Verbissenheit und Zähigkeit gehören dazu, wenn es uns jetzt gelingen soll! Nur wenige Genossen haben wir in Frankfurt, die seit Jahren den steinigen Boden beackern. Unermüdlich, in täglicher Kleinarbeit, müssen wir für unser Ziel eintreten, das Programm gegen den Haß und die Verfolgungen des bourgeoisen Klüngels vertreten. Doch ich meine, wir sind schon ein gutes Stück weitergekommen. Seit zwanzig Jahren schaue ich mir oft die alte rote Fahne an, die seit unserem ersten Arbeiterverein, noch unter Lassalle, eingerollt im Winkel steht. Der schönste Tag meines Lebens wär's, wenn ich sie einmal flattern sehen könnte!« Lily Braun sah ihren Mann an, dann drückte sie dem alten Weber fest die Hand. Der sollte wissen, daß er sich auch auf sie würde verlassen können.

Über den Wahlkampf in einem der rückschrittlichsten Kreise des preußischen Kernlandes, der Mark Brandenburg, schrieb Lily Braun: »An einem frühen Märzmorgen des Jahres 1903 war ich in Berlin weggefahren. In Gusow, im Oderbruch, verließ ich den Zug. Auf dem Bahnsteig stand ein Mann, die Schirmmütze keck auf ein Ohr gezogen, eine Nummer unserer märkischen Parteizeitung in der Hand, unser Erkennungszeichen. Er lachte mich fröhlich an. ›Ich bin der Jenosse Merten. So was war noch nich da in Jusow und Platkow. Alles, aber auch alles lauert auf Ihnen ...‹ Wir stiegen in ein klappriges Wägelchen und fuhren zwischen Weiden und Erlen die Straße hinauf. Es war Frühling geworden.

›Welch eine Luft!‹ sagte ich mit tiefen Atemzügen. ›Nich, die is jut‹, antwortete mein Begleiter mit einem Stolz, als wäre sie sein eigenstes Werk. ›Wenn die nicht wäre, wir gingen längst auf und davon. Aber wenn wir – meine Kollegen und ich – sonnabends von der Arbeet aus Berlin nach Hause fahren und unsere Kinder kommen uns entgegen, nich so blaß und dünn wie die Berliner Jören, und wir können im Jarten in der Laube sitzen, an unserem eigenen Jemüse rumpusseln und an unseren Obstbäumen, dann vergessen wir gern die Plackerei der ganzen Woche.‹

Wir begegneten vielen Fußgängern. Er grüßte nach rechts und links. ›Kommst du ooch nach Platkow?‹ redete er sie an. ›Jawoll, natierlich‹, riefen sie. ›Sind das alles Maurer?‹ fragte ich. ›Wo denken Sie hin‹, antwortete er. ›Da sind Landarbeeter mang, sogar Bauern. Heute kommt alles zu uns. Die haben noch nie in ihrem Leben 'ne Frau reden jehört.‹ Mitten auf der Straße, wo die Aussicht am freiesten war, ließ er den kräftigen Braunen halten. ›Das ist das Oderbruch‹, erklärte er und wies nach links, wo sich das Land weit, endlos weit in der Ferne verlor und darauf verstreut, wie Spielzeug, zwischen knorrigen Bäumen, rotbedachte Häuschen und Kirchen mit breiten Türmen hervorsahen. Vergessene Geschichten fielen mir ein: vom Alten Fritz, der dies fruchtbare Land dem Wasser abgetrotzt hatte, von all den märkischen Junkern, den Itzenplitz, den Marwitz, den Finkenstein, die hier ringsum seit Generationen die Herren waren. Mein Begleiter zeigte nach rechts, wo der Boden sich hob und Wälder den Horizont begrenzten. ›Hier oben sind die Rittergüter, da sitzen lauter Agrarier, unsere ärgsten Feinde‹, erzählte er. ›Die sind schlau jewesen, von Anfang an. Haben sich die juten Stellen jesichert, wo das Wasser sie nicht erreichen konnte; während die Bauern unten alljährlich darauf gefaßt sein mußten, daß es ihre arme Kate davontrug. Sie kennen die Jeschichte, die unsere Kinder in der Schule lernen müssen: Hier habe ich im Frieden eine Provinz erobert, soll König Friedrich jesagt haben, als er mal in die Jegend kam. So 'n Mumpitz! Als ob es nich arme Luders wie wir jewesen wären, die die Kanäle gruben und die Dämme aufwarfen!‹ ›Aber den Gedanken hat doch der König gehabt‹, meinte ich. Ein mißtrauischer Blick streifte mich. ›Für'n König mag das freilich ooch schon 'ne

Anstrengung jewesen sein!‹ spottete er. Eine breite Kastanienallee führte in das Dorf Gusow. Einstöckige Häuser mit weißen Vorhängen an blanken Fenstern umgaben in weitem Bogen den Dorfteich, seitwärts öffnete sich der kiesbestreute Weg zum Schloß. Mein Begleiter sah nach der Uhr. ›Was meinen Sie, wenn wir zu Fuß durch den Park gingen? Sie glauben nich, wie schön der ist!‹ An dem stillen Schloß vorbei betraten wir den Park. Ein schmaler Pfad wand sich zwischen hohem Gebüsch, das plötzlich zur Seite wich, um dem Wunder fremdartig märchenhafter Bäume Platz zu machen. ›Zedern sind es‹, sagte mein Begleiter, ›Zedern vom Libanon.‹ Er kannte jeden Platz im Park und jede Pflanze. Mit scheuer Zärtlichkeit strichen seine rissigen Hände über die ersten kleinen Knöspchen an den Sträuchern. ›Daß Sie in der Stadt arbeiten, wo Sie das Land so lieben‹, staunte ich. Er schüttelte sich. ›Landarbeeter? Nee, das ist nischt vor unsereens!‹

Wir näherten uns Platkow, dem Ziel unserer Fahrt. ›Sehen Se mal hier die wackligen Buden an‹, sagte Merten. ›Strohdächer, Fenster wie Mauselöcher, Türen, daß sich ein ordentlicher Mann bücken muß – wahrscheinlich, damit man's nich verlernt! Nischt als Leisetreter gab's hier, die die Mütze bis auf die Erde zogen, wenn die herrschaftliche Kutsche sie mit Dreck bespritzte! Aber nu wird's anders, sage ich Ihnen, janz anders‹ – dabei strahlte er förmlich – ›sehen Sie dort, das Weiße, das ist unser Gewerkschaftshaus!‹ Mitten in diesem agrarischen Winkel, der der Agitation der Partei so gut wie unzugänglich gewesen war, weil kein Lokal zur Verfügung stand, hatten die Bauarbeiter sich ihr eigenes Haus errichtet.

Der Wagen hielt. Der ganze Platz stand voller Menschen. Sie schoben sich hinter mir in den Saal, auf den Bänken an den Wänden saßen schon die Frauen mit heißen Gesichtern. Ich sprach vom Sturm, der alles Morsche zu Boden riß. Und von dem Sturm des Sozialismus. Ich schilderte die politische Lage Deutschlands und zählte die Sünden der Regierung auf, ich erzählte von den Milliarden, die dem armen Mann in Gestalt von indirekten Steuern aus dem schmalen Beutel gezogen werden, während sein Weib daheim mit jedem Pfennig rechnen muß. Anhand der Untersuchungen bürgerlicher Gelehrter wies ich nach, wie die Verteuerung der Lebensmittel auf die Steigerung des Alkoholismus, der Kriminalität, der Lungentuberkulose wirkt. ›Einmal im Laufe von fünf Jahren ist es jedem Deutschen vergönnt, Urteil zu sprechen über die, die sein Schicksal sind. Des Volkes Not und Unterdrückung liegt auf der einen Schale der Waage, des Volkes Glück und Freiheit auf der anderen. Wir, die ›Vaterlandslosen‹, wir, die ›Elenden‹, wir, die ›Rotte von Menschen, nicht wert, den Namen Deutsche zu tragen‹, machen unser Urteil davon abhängig, welche Seite der Waage schwerer wiegt ...‹

Man hatte mir bewegungslos zugehört. Das Volk dieser kargen Erde trug sein Herz nicht auf den Lippen. Aber nachher ging ein Fragen und Erzählen an, das bewies, wie jedes Wort aufgenommen worden war. Ich wurde in Arbeiterhäuser geführt, klein, arm, eng. ›Und hier is doch so ville Sand, auf dem jut noch zehn Häuser stehen könnten!‹ Sie zeigten mir das Armenhaus: in einem winzigen Raum hauste ein uraltes Paar mit vier kleinen Enkelkindern. Das einzige Bett nahm fast die Hälfte der Stube ein. ›Immer, von kleen auf, haben wir hier ufn Jut jearbeetet‹, sagte der Mann, ›nu essen wir's Jnadenbrot. Det Schloß aber, det hat woll an die fuffzich leere Zimmer ...‹

Allmählich, je mehr ich dem Land und seinen Bewohnern nähertrat, gewann ich es lieb. Die weite Ebene enthüllte mir ihre verborgene Schönheit und die Menschen ihr weiches trotziges Herz.«

Lily Braun reist in vier Monaten oftmals durch die östliche Mark Brandenburg, besucht Dutzende von Wahlversammlungen und spricht in Städten, Dörfern, in Sälen, manchmal auch in Katen, dann nämlich, wenn die preußische Polizei die Gastwirtschaften für »politisierende Frauenspersonen« gesperrt hat. Selbst kleinste Flecken bleiben von der Wahlagitation der Sozialdemokraten nicht verschont. Man kann wahrhaftig von einer politischen Machtprobe sprechen, wie sie das Wilhelminische Reich noch nicht erlebt hatte. Lily Braun war sich dessen bewußt: »Was der Adel Preußens vor zwanzig Jahren noch für unmöglich gehalten hatte, das geschah: Junker und Fabrikant vereinigten sich, da der gemeinsame Feind drohte: die Sozialdemokratie. Der Kaiser selbst wurde in diesem Kampf der erste Agitator: ›Zerreißt das Tischtuch zwischen euch und diesen Leuten, die euch aufhetzen gegen Thron und Altar!‹«

Wieder einmal ist Lily Braun unterwegs, sie fährt mit dem Leiterwagen, diesmal sind die Wege aufgeweicht, es regnet seit Tagen in Strömen. In der Wirtsstube des Dorfes Lehmannshöfel glüht der eiserne Ofen. Nasse Mäntel und Stiefel trocknen daran. Von weither sind die Knechte und Arbeiter gekommen, vom Gut viele Tagelöhnerinnen, trotz Verbot des »gnädigen Herrn«. Die Rednerin sorgt sich, ob sie den Ton finden wird, der diese Menschen anspricht. Man hatte ihr zuvor gesagt, daß es hier noch niemals eine politische Versammlung gegeben hätte. Dann beginnt sie zu sprechen: »Für diese Welt ist Armut ein Verbrechen, das mit lebenslänglicher Zwangsarbeit bestraft wird. Tränen darüber sind genug vergossen worden. Vor Jammern haben wir das Handeln vergessen. Von den Kanzeln herab haben sie gepredigt, daß die Ergebung in das Geschick eine Tugend ist. An all dem Elend in der Welt sind wir schuld, mit unserer Demut, unserer Unterwürfigkeit, unserer Trägheit. Wo die Mutter unfrei und furchtsam ist, wächst ein Geschlecht von Knechten mit knechtischer Gesinnung empor, und der Wert einer Mutter wird in Zukunft nicht bloß daran gemessen werden, ob sie ihre Kinder gewaschen, gekleidet und genährt hat, sondern ob sie sie zu Kämpfern erzog ...«

Den Tag der Entscheidung erleben Lily Braun und ihr Mann in Frankfurt, im Kreise der Wahlhelfer und vieler alter Genossen. »Es dämmerte. In den Wahllokalen saßen unter spärlichen Gasflammen die Zähler. Dem alten Schuster und Parteigenossen Weber standen vor Aufregung helle Schweißtropfen auf der Stirn. Nach und nach füllte sich der Raum. Die Minuten schlichen wie ebenso viele Stunden. Endlich der erste Radler. Gleich darauf der zweite, der dritte, der vierte, die Wahlbezirke der Stadt. ›Schlecht steht's‹, knirschte einer. ›Der Westen Frankfurts‹, sagte Weber, ›zum erstenmal Stimmen für die Sozi!‹ – ›Warum dauert das nur solang‹, seufzte ich. ›Die Radler aus dem Oderbruch können noch nicht hier sein‹, meinte Weber, der aufgeregt nach der Uhr sah. ›Telegramme‹, schrie jemand. Mit bebenden Fingern riß Weber sie auf: ›Berlin erobert! Ganz Sachsen unser!‹ Jetzt tönte von unten ein donnerndes ›Hoch!‹ Wir stürzten zum Fenster: über das Pflaster sprangen Lichter in langer Kette, Räder blitzten auf, die Treppen stürmte es empor: atemlos, blaurot, mit zit-

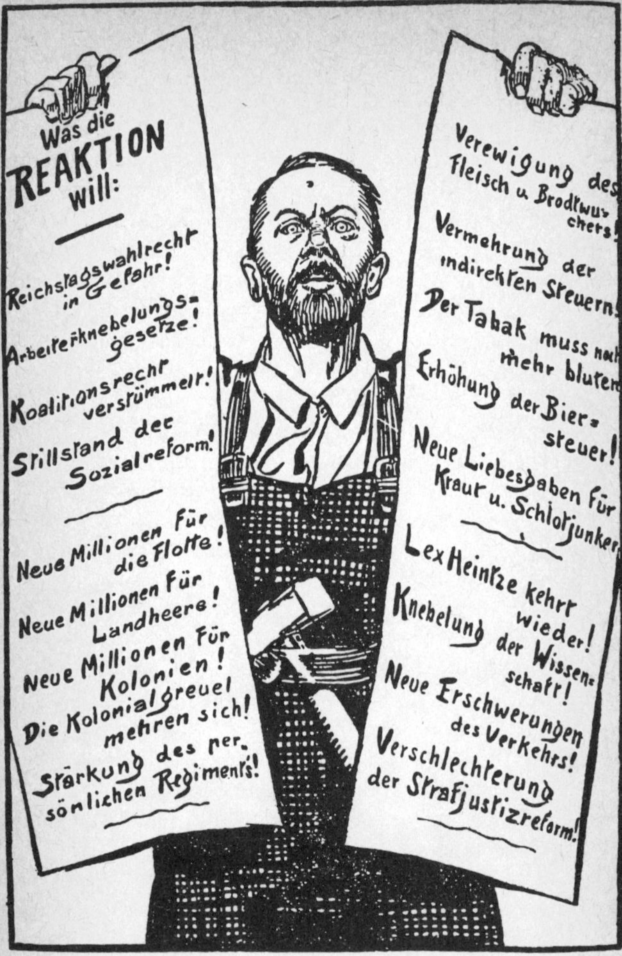


Sozialdemokratisches Flugblatt zu den Reichstagswahlen

ternden Knien standen die Männer aus dem Oderbruch vor uns. Sie waren keines Wortes mächtig. Mit einer fast feierlichen Gebärde breitete Weber die Botschaften vor uns aus. Hunderte von Stimmen hatten wir gewonnen. Unter den Augen der Gegner, auf Gutshöfen, in Dörfern hatten die Landleute für uns gestimmt. Stumm streckte ich dem Maurer Merten die Hand entgegen, er hielt sie lange zwischen seinen harten Fingern. Noch fehlten die entferntesten Bezirke, Buckow, Fürstenwalde. ›Entschieden ist noch nichts‹, murmelte Weber. Nun löste ein Depeschenbote den anderen ab; jede Siegesnachricht steigerte die elektrische Spannung. ›Im Haus der Oderzeitung löschen sie die Lampen‹, rief ein junger Bursche. ›Die ganze Straße steht schwarz voll Menschen‹, flüsterte ein baumlanger Arbeiter. Da – ›Fürstenwalde‹ und wie ein Echo: ›Buckow‹. Weber war weiß im Gesicht. Sekundenlang bohrten seine Augen in das Papier. Wir hielten den Atem an, dann stieß er mit rauher Stimme ein einziges Wort hervor: ›Gesiegt!‹ Nun brach es los wie Gewittersturm. Draußen zerriß ein einziger Jubelruf die Stille der Nacht. Sie riefen nach ihrem Gewählten. Auf die Fensterbrüstung trat er. ›Nicht mir dieses Hoch, Parteigenossen‹, seine tiefe Stimme klang voll und warm. ›Euch vielmehr, die ihr den Sieg erkämpftet, und unserer großen Sache vor allem … ein Hoch der Sozialdemokratie, ein dreifaches Hoch!‹ Inzwischen war Weber still beiseite gegangen. Nun kam er zurück. Er trug die alte Fahne, dicht vor dem Fenster nahm er langsam die Hülle ab, hob die schwere Stange hinaus, und das rote Tuch rollte auseinander und wehte, aufglühend, wo das Licht es traf, wie entfachte Flammen über die stumme Menge …«

Am 16. Juni 1903 wählten drei Millionen Deutsche die Sozialdemokratische Partei; zu den einundachtzig Reichstagsabgeordneten, die für eine neue gerechte Welt der Brüderlichkeit und Menschlichkeit kämpfen wollten, zählte auch Heinrich Braun. Er war sich dessen bewußt, daß er den Wahlsieg im halbfeudal-gutsbesitzerlichen Kreis Frankfurt-Lebus entscheidend dem Kampf seiner Frau Lily mit zu verdanken hatte.

Kurz nur war für Lily und Heinrich Braun die freudige Genugtuung über den gewaltigen Wahlsieg ihrer Partei und den persönlichen Erfolg des im Interesse der Arbeiter gewonnenen Reichstagsmandats. Die Zeitschriftengründung war unter Aufopferung des persönlichen Vermögens durchgesetzt worden. Die »Neue Gesellschaft« erschien 1903, im Jahr des Sieges, aber auch gerade in dem Moment, da auf dem Parteitag in Dresden der Kampf gegen den Revisionismus alle die Kräfte in der Partei mit einem Bannfluch belegte, die für eine Politik der Öffnung und Weitsicht gegenüber den Dogmen der Vergangenheit eintraten. Während es innerhalb der Sozialdemokratie einen bewegten Streit darüber gab, ob man nach der Gewinnung von einundachtzig Mandaten die Funktion eines Vizepräsidenten im Reichstag annehmen dürfe (widersprach der dann notwendig werdende Verhandlungsauftrag mit adligen und bürgerlichen Politikern, ja der Gang zum Kaiserhof nicht dem radikalen Klassenkampfdenken?), wollten Lily Braun und ihr Mann mit der neuen Zeitschrift neue Schichten der »geistigen Arbeiter«, also Intellektuelle, Künstler, Wissenschaftler gewinnen. Diesmal stand auch August Bebel neben Clara Zetkin und Franz Mehring in einer Front gegen alle diejenigen, die angesichts der gewaltigen aktuellen Aufgaben vom Dogma wegstrebten und die Taktik der Sozialdemokratie überdenken wollten. Ausgangspunkt war – wie schon ein Jahr zuvor in München – das Verlangen des Parteiapparates, gerade die Intellektuellen unter die Botmäßigkeit der Parteibeschlüsse zu zwingen. Dabei ging es um Publizisten, die wie Lily und Heinrich Braun gelegentlich auch in bürgerlichen Blättern schrieben. Veröffentlichte Lily Braun Literatur- und Theaterkritiken in liberalen Zeitschriften, so tat sie das, weil sie ihren fortschrittlichen Standpunkt ja gerade auch in liberale, nach neuen Wegen suchende Kreise hineintragen wollte, und andererseits auch einfach, weil sie das jeweilige Honorar zum Leben brauchte. Denn durch die feindliche Unerbittlichkeit der Genossin Zetkin war ihr die sozialdemokratische Presse seit Jahren verschlossen. Diesmal jedoch, bei der Gründung einer freien sozialistischen Wochenzeitschrift durch das Ehepaar Braun, ging ideologischer Anspruch auf geistig-politische Unfehlbarkeit, wie sie der Parteitag in Dresden dekretierte, mit schwerster persönlicher Verleumdung der Zeitschriftengründer Hand in Hand. Lily Braun notierte:

»Noch ehe die erste Nummer unseres Blattes erschienen war, wurde es als ein kapitalistisches Unternehmen gebrandmarkt. Von Mund zu Mund ging der Klatsch, daß wir einen reichen Gönner gefunden hätten, der es wie einen Sprengstoff in die Partei werfen wollte, und es fiel zum erstenmal das verächtliche Wort: ›Geschäftssozialisten‹.«

Lily Braun, die durch die Krankheit ihres Kindes am Parteitag teilzunehmen verhindert war, las die Presseberichte:

»Bebel referierte: ›Nie und zu keiner Zeit waren wir in der Partei uneiniger als jetzt!‹ Das erklärte er, nachdem wir eben einmütig den größten politischen Sieg erfochten hatten. Und: ›Wer nicht pariert, der fliegt hinaus!‹ War das noch die Sprache des Führers einer demokratischen Partei, oder nicht vielmehr die eines Diktators? Er sprach von den Revisionisten als von den Leuten, die mit der Bourgeoisie liebäugeln, und verlangte, daß man sie öffentlich denunzieren müsse. Der heimliche Haß gegen die Akademiker, durch den er die Masse des Proletariats unzerreißbar mit sich verband, ohne zu fühlen, daß er dem ersten Grundsatz des Sozialismus dadurch ins Gesicht schlug, durchglühte seine Rede. ›Seht euch die Akademiker dreimal an, ehe ihr ihnen Vertrauen schenkt!‹ ›Stürmischer Beifall‹ stand daneben. Und doch waren es Akademiker gewesen, die dem Proletariat die Organisation, seiner Bewegung die Grundlage und das Ziel gegeben hatten. Schließlich warnte er noch vor ›dem anderen Teil der Revisionisten, den Proletariern in gehobenen Lebensstellungen‹. Und niemand lachte ihm ins Gesicht, niemand wies mit den Fingern auf die, die Beifall jauchzten: Gastwirte, Redakteure, Parteibeamte, lauter ehemalige Proletarier in gehobenen Lebensstellungen.«

Für Lily Braun konnte es nur ein bescheidener Trost sein, wenn der bayrische Sozialdemokrat von Vollmar darauf verwies, daß die Partei seit Jahren, um den praktischen Anforderungen zu genügen, taktische Positionen aus dem eisernen Bestand ihres Arsenals aufgegeben habe. Er war auch der einzige Mann in der Partei, der den Mut fand, August Bebels Verhalten zu kritisieren: »Ein ungezügeltes Temperament schadet nicht nur auf Fürstenthronen, sondern auch auf denen der Partei. In welchem Ton hat Bebel sich an die Partei gewandt? ›Ich werde nicht dulden!‹, ›Ich werde den Kopf waschen!‹, ›Ich werde Abrechnung halten!‹«

Was die persönlichen Diffamierungen und Kränkungen von Lily und Heinrich Braun anging, so blieb nichts weiter übrig, als im Parteiorgan »Vorwärts« eine knappe sachliche Darstellung des wirklichen Sachverhalts, der zur Gründung der Zeitschrift »Die Neue Gesellschaft« geführt hatte, zu veröffentlichen. Am 26. September 1903 brachte der »Vorwärts« diesen Text: »... Die ›Neue Gesellschaft‹ gehört meiner Frau und mir. Aus unseren Mitteln ist diese Wochenschrift entstanden. Um die finanziellen Grundlagen herzustellen, haben wir das seit sechzehn Jahren von mir geleitete ›Archiv für soziale Gesetzgebung und Statistik‹ für sechzigtausend Mark an Herrn Dr. Jaffé in Heidelberg verkauft, obwohl mir kurze Zeit vorher eine Verlagsbuchhandlung ersten Ranges sechstausend Mark Gehalt pro Jahr und 50 Prozent des Gewinns anbot, wenn ich das Archiv als unumschränkter Redakteur und weiter sein Eigentümer bleibend in deren Verlag herausgeben wolle. Dieses Anerbieten ist in meinen Händen und steht zur Einsichtnahme zur Verfügung. Ich zog es vor, statt es anzunehmen, das mir und meiner Frau gehörige Archiv zu verkaufen und den Kaufpreis der Wochenschrift zur Verfügung zu stellen. Wir tun dies trotz der Warnungen von Freunden, wir würden unser Vermögen dabei einbüßen, weil wir dieses Unternehmen im Interesse der Partei gelegen finden und entschlossen sind, alle Opfer dafür zu bringen ...«

Es war ein seltsames Charakteristikum der von August Bebel geführten Sozialdemokratie, daß nach den heißen Auseinandersetzungen auf den Parteitagen zum Abschluß das Kriegsbeil zwischen »Radikalen« und »Revisionisten« stets wieder begraben wurde. Eine allgemein gehaltene, versöhnlich wirkende Resolution beendete die scharfen Kontroversen, die Wogen glätteten sich, das Parteischiff fuhr scheinbar selbstsicher durch die stürmisch bewegte See des innerpolitischen Kampfes. »Gegen kapitalistische Ausbeutung, gegen Militarismus und Junkerherrschaft!«, das waren die Parolen, die äußerlich gesehen alle Parteimitglieder und die Funktionäre zu einen schienen. Der Kaiser, die deutschen Fürsten, Großagrarier und Industriebarone hatten Grund zur Sorge – die Sozialdemokraten wurden zur stärksten politischen Partei des Reiches. Der Sozialismus erschien am Beginn unseres Jahrhunderts Millionen Arbeitern in ganz Europa als das große Ziel, als eine alternative »Ordnung« gegenüber jener »Unordnung« einer Gesellschaft, in der Kaiser, Könige und Adlige gemeinsam mit Fabrikanten und Bankiers immer reicher und mächtiger wurden.

Während die Sozialdemokratie mit Hilfe von machtvollen

Streiks und durch ihre erfolgreichen Wahlkämpfe ihren Aufstieg nahm, ein parlamentarischer Sieg in greifbare Nähe rückte, schwelte innerhalb der Partei der Konflikt zwischen dogmatischen und reformwilligen Kräften weiter. Keine noch so wohltönende Resolution konnte darüber hinwegtäuschen oder den Konflikt beseitigen. Erst ein Jahrzehnt später, beim Ausbruch des Weltkrieges von 1914, begann die Spaltung der alten, traditionsreichen Partei für jedermann deutlich zu werden, um beim Ende des Krieges in der Gründung der Kommunistischen Partei ihren sichtbarsten Ausdruck zu finden.

Auch Lily Braun »stürzte sich wieder in die politische Arbeit«. Der Riesenstreik in Crimmitschau in Sachsen, bei dem die sächsischen Arbeiter um den Zehnstundentag kämpften, die Gründung eines Reichsverbandes zur Bekämpfung der Sozialdemokratie, das alles forderte den Einsatz jedes Sozialisten. Die Zeitschrift allerdings, die beide Brauns mit so großen Erwartungen und anspruchsvollen Zielen gegründet hatten, mußten sie nach der zweiten Nummer einstellen. Zu groß waren die Verleumdungen gewesen, als daß man noch auf Zehntausende von Lesern hoffen durfte, die ein solches Unternehmen allein hätten finanzieren können. Nachdem Lily Braun und ihr Mann ihren Zeitschriftenplan zunächst ad acta gelegt hatten, fest davon überzeugt, daß die Publikation eines Tages wieder würde erscheinen können, traf Lily Braun unerwartet der Tod ihrer Mutter, die dem Vater folgte. Es hatte in den letzten Jahren manche versöhnliche Begegnung zwischen beiden Frauen gegeben, zumal auch der Vater als alter, kränkelnder Mann mit sehr viel Liebe an seinem Enkel gehangen hatte. Nach den Erfahrungen der letzten Zeit schien es Lily Braun richtig zu sein, ihrem Vater, von dem sie jahrelang eine recht einseitige Meinung hatte, ein literarisches Denkmal zu setzen. In diesem Buch, »Kriegsbriefe von Hans von Kretschman«, das sie durch eine Biographie des Vaters einleitete, versuchte sie dem impulsiven und oft rauhen, aber lauteren preußischen Offizier gerecht zu werden. Weil auch sie viel von der Gradlinigkeit ihres Vaters hatte, mußte sie – wie er unter dramatischen Umständen – ihren ungewöhnlichen eigenen Weg suchen und ihn dann konsequent gehen. Im Hinblick auf die unbeugsame Wesensart des Vaters, der sich nicht scheute, auch vor dem Thron des Königs die Wahrheit zu sagen, kann sie ohne Eitelkeit bekennen: »Ich sehe so recht, daß ich eine alte Frondeurnatur bin und bleiben werde. Erst seitdem ich auch innerhalb der Partei ich selbst bin, ist mir wieder wohl in ihr«, so schreibt sie im Jahre 1904.

Wenige Monate später, im April 1905, hatten Heinrich Braun und seine Frau den Mut, die »Neue Gesellschaft« wieder erscheinen zu lassen. »Alle Ströme fließen ins Meer«, dieses Leitwort des Herausgebers war schon lange zum Lebensmotto Lily Brauns geworden. Von Rußland drangen die Trommelwirbel der Revolution von 1905 herüber und ermutigten nicht nur das deutsche Proletariat, sondern gaben auch manchen Intellektuellen, die noch keine Sozialisten waren, Impulse, sich für die Interessen des Volkes, für gesellschaftlichen Fortschritt und mehr Freiheit gegen den Absolutismus zu engagieren. Ihnen stand nach dem erklärten Willen der Herausgeber die »Neue Gesellschaft« offen. Als Forum für Unabhängigkeit und Selbständigkeit auch in den Ansichten der Autoren sollte die Zeitschrift der Sozialdemokratie und der Idee einer erneuerten Gesellschaft des Sozialismus Freunde und Mitstreiter werben. Auf diesem Wege maßen Lily und Heinrich Braun gerade der »pädagogischen Provinz«, einer Erziehung im weitesten und humansten Sinne, große Bedeutung zu. Selbstverständlich konnten nicht nur akademische Kreise die Zielgruppe des Publizisten-Ehepaares sein. Beide besuchten regelmäßig Gewerkschaftsversammlungen. »Das sind unsere Kerntruppen«, meinte Heinrich Braun, »ihre Wünsche und Bedürfnisse müssen wir kennen, wenn wir mit unserer Zeitschrift wirken wollen!« Lily Braun hielt wieder regelmäßig Vorträge vor Arbeitern im Rahmen der Bildungstätigkeit der Gewerkschaften. Sie war erfreut, wie ernsthaft die Proletarier an ihrer Bildung arbeiteten. »Ruhige Arbeit herrscht hier. Mit tiefgründiger Kenntnis werden sozialpolitische Fragen behandelt, besonders die des Heimarbeiterschutzes.« Während Clara Zetkins Frauenfunktionärinnen in der Partei sich nach wie vor gegen eine Zusammenarbeit mit bürgerlichen Vereinen wehren, lädt die Gewerkschaft auf ihrem Heimarbeiterschutzkongreß bewußt auch bürgerliche Interessenten zum Meinungsaustausch ein. Dabei geht es nicht nur um politische Themen.

Lily Braun erlebt die große Aufgeschlossenheit der Arbeiterschaft für kulturelle, philosophische und pädagogische Fragen.

»In einer kleinen Versammlung vor den Toren Berlins hörte ich einen alten Arbeiter von Pestalozzi sprechen. Er hatte ihn nicht nur gelesen, sondern in sich aufgenommen und schilderte die Arbeitsschule der Zukunft, die anstelle der ›Paukschule‹ der Gegenwart treten würde, mit demselben Enthusiasmus wie ein anderer sich über den Zukunftsstaat verbreiten würde. Auf solche und ähnliche Erfahrungen hin wagte ich es, die ›pädagogische Provinz‹, Goethes Erziehungsutopie, zum Gegenstand eines Vortrags zu machen. Ein Riesenauditorium, das nur aus Arbeitern bestand, folgte mit gepannter Aufmerksamkeit allem, was ich sagte, und in der Diskussion zeigte sich nicht nur, daß ich verstanden worden war, sondern auch wie viele ihren Goethe gelesen hatten. Jetzt fing ich an, mit erwachtem Interesse den nicht politischen Versammlungen nachzugehen, und ich entdeckte mit wachsendem Staunen suchende Menschen, nicht nur fordernde. Wo religiöse, wo philosophische Fragen angeschnitten wurden, war das Interesse am stärksten. Das war der Wunsch nach Persönlichkeit, der sich regte, die Reaktion gegen die geistige Nivellierung ...«

Im Sommer 1906 lud ein englisches Komitee, das aus den Anhängern verschiedenster Parteien bestand, darunter viele Parlamentarier, einflußreiche Zeitungen der verschiedensten politischen Richtungen zu einem Besuch Britanniens ein. Lily Braun notierte: »Angesichts der gewissenlosen Hetze und der Kriegstreiberei höfisch-militärischer Kreise sollte diese Veranstaltung dazu dienen, die wahre Gesinnung des englischen Volkes kennenzulernen und die freundschaftlichen Beziehungen der beiden Länder fördern zu helfen. Keir Hardie, der Führer der englischen Arbeiterpartei, hatte die Einladung mitunterzeichnet. England! Wie viele Erinnerungen wurden in mir wach.« Die Toleranz und alte politische Kultur des Mutterlandes der europäischen Demokratien beeindruckten Lily Braun:

»Ich hatte meine leise Freude an den verblüfften Gesichtern meiner Reisegefährten, die allmählich einsahen, daß im Lande alter Kultur nur die Erziehung, nicht aber die politische Stellung des einzelnen gesellschaftliche Unterschiede herbeiführt, und ich merkte erst jetzt, wo ich wieder einmal als Gleiche von Gleichen behandelt wurde, wieviel ich entbehrt hatte. Eines Vormittags kam George Bernard Shaw mir entgegen und reichte mir mit einem sarkastischen: ›Da haben Sie wieder einmal ein unverfälschtes Zeugnis der deutschen Sozialdemokratie‹, ein englisches Morgenblatt. Es enthielt ein Telegramm aus Berlin: ›Der ›Vorwärts‹ beschuldigt Frau Lily Braun, die einzige Vertreterin der sozialdemokratischen Presse bei der Englandreise deutscher Journalisten, des Parteiverrats und kündigt ihr an, daß sie ihres unbotmäßigen Verhaltens wegen zur Rechenschaft gezogen werden würde.‹ ›Das glaube ich nicht‹, stieß ich hervor. Shaw lachte: ›Und doch ist nichts gewisser, weil nichts folgerichtiger ist. Die deutsche Partei ist von nichts freier als von – Freiheit. Sie ist die konservativste, die respektabelste, die moralischste und bürgerlichste Partei Europas. Sie ist keine rohe Partei der Tat, sondern eine Kanzel, von der herab Männer mit alten Ideen eindrucksvolle Moralpredigten halten. Mit Millionen Stimmen zu ihrer Verfügung, widersteht sie den Lockungen des Ehrgeizes und denen realer Vorteile, die ein öffentliches Amt mit sich bringt, und bezeichnet denjenigen, der sich von den Freuden tugendhafter Entrüstung zu den Arbeiten praktischer Verwaltung wendet oder auch nur an einer allgemeinen Veranstaltung im öffentlichen Interesse teilnimmt, als einen Abtrünnigen und Verräter. Freiheit von Dogmenglauben ist eines der Grundprinzipien des echten Sozialismus, die Deutschen sind dogmatischer als die Kirchenväter. Der Wille zur Macht ist ein anderes, die Deutschen machen den Willen zur Phrase daraus. Die Herrschaft des Geistes ist ein letztes, im Gegensatz zur Herrschaft des Kapitals. Die Deutschen stellen das auf den Kopf und verlangen die Unterwerfung unter die Herrschaft der Masse ...‹«

Noch am gleichen Tag, abends zu später Stunde, bekommt Lily Braun einen Brief des englischen Sozialistenführers Keir Hardie: »... Ich bin außerstande, zu begreifen, welches der Grund sein konnte, Ihre Teilnahme an der England-Reise zu verurteilen«, heißt es darin. »Es ist für uns Sozialisten in England eine selbstverständliche Gewohnheit, gelegentlich mit Nichtsozialisten zusammenzugehen, wenn es im

Interesse der Förderung einer großen und guten Sache gelegen ist. Unsere Erfahrung hat uns bewiesen, daß der Sozialismus dadurch nur gestärkt werden kann. Ich will damit nicht behaupten, daß unsere deutschen Genossen unserem Beispiel unbedingt folgen müßten, aber im vorliegenden Fall bleibt ihre Haltung Ihnen gegenüber mir vollständig unverständlich ...« Und Lily Braun berichtet weiter: »Als mein Mann mir die Zeitungen schickte, da schämte ich mich. Es war weniger die beleidigende Form der Angriffe als die Gehässigkeit, die dabei zum Ausdruck kam. Wie stark mußte sie sein, um alle Klugheit, alle Rücksicht auf das Ansehen der Partei beiseite zu schieben? Oder gab es etwas Lächerlicheres, als meine Reise, gleichgültig, ob man sie verurteilte oder nicht, zu einem Parteiskandal aufzubauschen? Nur eine tiefe, innere Krankheit konnte solche Symptome zeitigen.«

Gerichtstag! Die Parteipäpste hatten Lily Braun mit Acht und Bann belegt. Ja, nicht nur die Publizistin, die mit ihrer Reise doch einer so notwendigen deutsch-englischen Annäherung und Verständigung dienen wollte, sondern auch der Ehemann der Eingeladenen, der sozialdemokratische Reichstagsabgeordnete Heinrich Braun, hatte vor einem Tribunal des Wahlkreises Frankfurt-Lebus zu erscheinen, man forderte ihn auf, wegen der Englandreise seiner Frau das Abgeordnetenmandat niederzulegen. Im »Vorwärts« erschien eine Stellungnahme Heinrich Brauns, in der es hieß:

»Es ist unwahr, daß ein ›Haufe gutbürgerlicher englischer Journalisten die Idee bekommen habe, ein Rendezvous englischer und deutscher Zeitungsschreiber zu veranstalten.‹ Wahr ist vielmehr, daß sich in England ein englisch-deutsches Freundschafts-Komitee gebildet hat, das aus etwa hundertfünfzig der hervorragendsten Persönlichkeiten aus den verschiedensten Parteilagern Englands, darunter auch Parteigenossen wie Keir Hardie und anderen, besteht. Dieses Komitee hat die Englandreise veranstaltet, nicht ein ›Haufe gutbürgerlicher Journalisten‹. Es ist ferner eine bewußte Unwahrheit, wenn Sie als Absicht jener Veranstaltung bezeichnen, ›später die Erörterung politischer Fragen mit weniger Erbitterung zu führen‹. Die zitierten Worte haben sie dem Wortlaut und dem Sinne nach gefälscht. In Wirklichkeit findet sich der als allgemeine Sentenz ausgesprochene Satz:

›Die Erörterung politischer Fragen würde weit weniger leicht zu Bitterkeiten führen, wenn die Gegner einander als Menschen kennen ...‹ Um jeden Zweifel auszuschließen, heißt es später: ›Der Besuch soll Ihnen keinerlei Verpflichtungen irgendwelcher Art auferlegen, und es soll die Annahme der Einladung keinerlei politische Bedeutung haben.‹ In einem anderen offiziellen Schriftstück des Komitees heißt es wörtlich: ›Es kann nicht zu oft wiederholt werden, daß auf seiten der Gastgeber nicht die geringste Absicht besteht, diesen freundschaftlichen und geselligen Besuch für politische Zwecke auszubeuten.‹ Ferner ist es eine bewußte Unwahrheit, wenn Sie behaupten, daß die ›verbrecherischsten Scharfmacher und die gemeinsten Verleumder der Sozialdemokratie die Hauptflöte spielen‹. Wahr ist dagegen, daß fünfzig Redakteure aus allen Parteien eingeladen worden sind, und so verkehrt es gewesen wäre, die sozialdemokratischen Blätter nicht zu berücksichtigen, ebenso verkehrt wäre es bei dem vorliegenden Anlaß gewesen, der Sozialdemokratie gegnerische Blätter auszuschließen ...«

In Platkow, dem kleinen Oderbruch-Dorf, wo Lily Braun drei Jahre zuvor unter Bauern, Gutsknechten und Arbeitern ihre eindringliche Wahlrede für die Sozialdemokratie gehalten hatte, stellte sich das Ehepaar Braun nun dem Parteiausschuß, der das Mandat für den Reichstag wegen »Parteiverrat« zurückforderte. Ausgerechnet der Maurer Merten, dessen sympathisches Bild Lily Braun in ihrem Wahlkampf-Reisebericht konturenreich zeichnete, hielt die Anklagerede: »Für uns gibt es nur ein rechts und links! Die Akademiker, die nicht Fleisch sind von unserem Fleisch, die zieht's eben immer wieder zu den Bourgeois. Ich aber sage euch, Genossen, so was dürfen wir uns nicht länger gefallen lassen, am wenigsten von unserem Abgeordneten. Was wäre verloren, wenn die Genossin Braun nicht nach England gefahren wäre? Nun aber, wo sie hinfuhr, sehen wir, daß sie kein proletarisches Bewußtsein hat, daß sie den Klassenkampf in Harmonieduselei verwandeln möchte und statt gegen die Gegner neben uns zu stehen, mit ihnen bei Champagner und Braten techtelmechtelt!«

Und Lily Braun fährt in der Beschreibung des »Tribunals« fort: »›Die Genossin Braun hat das Wort‹, hörte ich wie von weither sagen. ›Mein Vorredner‹, begann ich, ›hat einen konsequenten Standpunkt vertreten. Er hätte nur hinzufügen müssen, warum bei uns zum Verbrechen gestempelt wird, was anderen kein Härchen krümmt: wir sind des Revisionismus verdächtig. Sie stehen auf dem Boden des Klassenkampfes – wir auch. Sie hassen die kapitalistische Wirtschaftsordnung – wir auch. Aber unbewußt führen Sie den Klassenkampf im Sinne des Krieges. Sie wollen den Gegner niederzwingen, Sie wollen sein Land erobern. Sie, die Sie seit Jahrtausenden die Lastträger der Menschheit sind, würden es schon als gerecht empfinden, wenn nur die Rollen der Unterdrücker und Unterdrückten vertauscht wären. Sie sehen in jedem Vertreter der herrschenden Gesellschaft einen Feind, weil Sie ihm als die Abhängigen, die Unfreien gegenüberstehen, weil Sie ihm schon das bloße Sattsein neiden müssen. Wir können Ihren von der Bitterkeit des eigenen Herzens genährten Haß nicht mitfühlen, denn nicht persönliches Leiden macht uns zu Ihren Genossen. Uns ist das Ziel des Kampfes nicht die veränderte Herrschaft von Menschen über Menschen, sondern die uneingeschränkte Herrschaft der Menschheit über die Natur. Die Erde wollen wir erobern, um gleiche Entwicklungsbedingungen für alle zu schaffen, nicht Feindesland, das Unterworfene beackern sollen. Ich habe Schulter an Schulter mit Ihnen gekämpft – was bedeutet das gegenüber der Tatsache, daß ich mit politischen Gegnern auf demselben Schiff nach England fuhr! Wir haben zusammen diesen Wahlkreis erobert, und in jener Nacht, da die alte rote Fahne als Zeichen des Sieges über uns flatterte, hat uns ein starkes Gefühl, wie ich glaubte, auf immer verbunden. Der Zweck der Reise war nichts anderes, als was im Interesse des Sozialismus gelegen ist. Was bedeutet das gegenüber der Sünde, mit Nichtsozialisten an einem Tisch gesessen zu haben! Dafür ist's nicht genug, daß unsere Presse mich beschimpfte wie kein bürgerliches Blatt zuvor, nein, es muß auch noch ein Exempel statuiert werden: der Genosse Braun muß fallen! Nicht um unseretwillen, denn nicht wir sind die Unterlegenen, wenn Sie den vorliegenden Antrag annehmen, sondern im Interesse der Partei erwarte ich von Ihnen seine Ablehnung!‹

Keine Hand rührte sich. Die Petroleumlampe, die von der

Lily Braun im Jahre 1910

Decke herunterhing, flammte auf und warf ein unsicher flakkerndes Licht über heiße Gesichter. Wir verließen den Saal, draußen empfing uns die stille, mondhelle Nacht. Das Armenhaus gegenüber warf einen breiten, schwarzen Schatten auf den Sand. ›Der Antrag, den Genossen Braun zur Niederlegung seines Mandats zu veranlassen, ist zurückgezogen‹, erklärte der Vorsitzende, als wir wieder eintraten ...«

Die Macht der Funktionäre war noch nicht erschöpft. Wenige Tage später erfuhr Lily Braun, daß die Berliner Parteileitung sie aus der Rednerliste der Sozialdemokratie gestrichen habe. Sie legte Protest ein und begehrte, gehört zu werden. Man lud sie vor. »Rings um den Saal saßen die Männer, in der Mitte an einer langen Tafel die Frauen, Clara Zetkin an ihrer Spitze. Sie war Anklägerin, Ottilie Baader war der Staatsanwalt. Sie zählte alle meine Sünden auf, von einer Agitationsreise an, die ich vor Jahren hatte absagen müssen, bis zur Englandfahrt. Aber auch meine Verteidigung war eine Anklage, ich verschwieg nichts. Mitten in meiner Rede erhob sich Clara Zetkin ungestüm von ihrem Platz. Ich sah, wie ein Zittern ihren Körper durchlief, wie der Zorn ihre Züge verzerrte. Im nächsten Augenblick stand sie vor mir und erhob die Faust – einer der zunächst sitzenden Genossen sprang dazwischen. ›So diskutieren wir nicht!‹ rief er empört. Der Beschluß, meinen Namen von der Rednerliste zu entfernen, wurde aufgehoben. Das Verhalten Clara Zetkins mochte die Genossen stutzig gemacht haben. Trotzdem war mein Sieg nur ein scheinbarer; in seinen Folgen blieb der Beschluß bestehen. Eine tiefe Niedergeschlagenheit bemächtigte sich meiner. Jeder Kampf um Ideen wirkt erfrischend, selbst wenn er mit den schärfsten Waffen geführt wird. Aber was ich erlebte, war so eng, so klein, hinterließ einen so arm, mit einem bitteren Geschmack auf der Zunge.«

Lily und Heinrich Braun blieben ungeachtet dieser Niederlagen ihrer Gesinnung treu, fühlten sich einem freiheitlichen Sozialismus verpflichtet und wollten – trotz aller Kritik an engstirnigen Funktionärsklüngeleien – auch weiter in der Partei wirken. Doch die kleinliche Herrschsucht der Wächter einer reinen Lehre und Parteidoktrin ruhte nicht, bis es gelungen war, die »Neue Gesellschaft«, das Organ freier und kritisch-offener Geister, zu zerschlagen. Es war nicht nur die Wegnahme einer großen Aufgabe, die zwei durch langen Einsatz für den Sozialismus gereifte Menschen unter größten materiellen Opfern übernommen hatten, die beide hart traf, es war nun auch der finanzielle Bankrott, der als schwerste Hypothek auf der Zukunft der Familie Braun lastete. »Wie unter den Fußtritten wildgewordener Elefanten« war die Zeitschrift vernichtet worden, stellte Lily Braun im Oktober

1907 verzweifelt fest. Sie, die seit vielen Jahren außerordentliche Summen aus ihren Einnahmen für die Schulden ihres verstorbenen Vaters aufgebracht hatte, mußte jetzt zusammen mit ihrem Mann Schuldverschreibungen aufnehmen, die sie nach menschlichem Ermessen bis zu ihrem Tode belasten würden. Heinrich Braun war ein hervorragender Sozialpolitiker, ein ausgezeichneter Publizist und begabter Redakteur – ein guter Geschäftsmann war er zweifellos nicht. Die Warnungen der Freunde des Ehepaars Braun, das wertvolle Archiv niemals zu verkaufen, waren berechtigt gewesen. Doch was beide, besonders Lily Braun, am meisten traf, war nicht einmal die schwere finanzielle Bedrängnis. Es war die geistige Niederlage, der Triumph der kleinen Geister des »Apparates«, der Sieg jener mittelmäßigen Fanatiker, die Angst vor dem Denken, vor eigenen Meinungen und offenem Gedankenaustausch hatten. Bitter zieht Lily Braun die Bilanz: »Keiner von unseren Gesinnungsgenossen hatte ein Wort des Bedauerns dafür, niemand von denen, für deren Überzeugung die Zeitschrift gekämpft hatte, ohne sich durch gehässige Angriffe und gemeine Verleumdungen vom Wege ablenken zu lassen, der ihr als der rechte erschien, kümmerte sich um uns. Keinem konnte es ein Geheimnis sein, daß wir alles verloren hatten, aber kaum ein einziger hatte auch nur eine teilnehmende Frage danach. Wir waren abgetan, – fertig. Die Genossen gingen über uns hinweg wie die Soldaten im Krieg über die gefallenen Kameraden auf dem Schlachtfeld ...«

Es sollte eine Zeit kommen – sie war sogar nicht mehr fern –, da erkannte Lily Braun, daß selbst diese schwerste Krise ihres Daseins die Vorstufe zu einer noch wesentlicheren Form ihres Wirkens war. In all den Wirren und während der vielfältigen Arbeit der vergangenen Jahre, zwischen wissenschaftlicher und politischer Tagespublizistik, den Aufträgen zu rednerischem Einsatz für die Frauenbewegung oder die Sozialdemokratie, konnte Lily Braun niemals die Ruhe finden, um das zu tun, was ihr jetzt zur zwingenden Verpflichtung wurde – der Arbeit als Schriftstellerin alle Kraft zu widmen. Das von ihrer Großmutter hinterlassene reichhaltige Material aus der Goethe-Zeit und der Weimarer späten Klassik bot den Stoff für eine kulturgeschichtlich wichtige und fesselnde Biographie der Jenny von Gustedt, die das Zeitalter

Napoleons und des deutschen Biedermeiers aus der Sicht dieser Goethe und dem Geist Weimars tief verbundenen Frau wiedergab. Das Buch »Im Schatten der Titanen« wurde auch ein materieller Erfolg, der ihren Mut und das Selbstvertrauen festigte, auf diesem Berufsfeld weiter tätig zu sein. 1909 und 1911 erschienen Lily Brauns aufsehenerregenden, vieldiskutierten »Memoiren einer Sozialistin« in zwei stattlichen Bänden, in denen die Autorin auf weit mehr als tausend Seiten ein Bild ihres Werdens und Wirkens zu geben versuchte. Ihre Freundin Julie Vogelstein, die sechs Jahre nach dem Tod der Schriftstellerin das Gesamtwerk herausbrachte und es im Zusammenhang mit biographischen Hinweisen aus vorzüglicher Sachkenntnis kommentierte, schrieb über die Memoiren: »Ihr Wahrheitsdrang scheut keine Entblößung, ihr Streben nach Erkenntnis weiß nichts von zarter Schonung … Ihre Memoiren sind weniger beschauliche Schilderung des Einst als lebhafte Auseinandersetzungen, bei denen die Beteiligten in knapper, dramatischer Form handelnd, fragend und antwortend vorgeführt werden. Wechsel- und Selbstgespräche, Reden und Briefe, diese besondere Art monologischer Äußerung, nehmen den größeren Teil der Erinnerungen ein, der Stimmklang hat nichts an ursprünglicher Schärfe verloren. Ob das Geschehene viele Jahre zurückliegt oder sich eben erst ereignet hat, für Lily ist es von gleicher Frische und Gegenwart … Die Memoiren Lily Brauns verlangen eine ihrer lebendigen Kraft gemäße Beurteilung. Das Spiegelbild einer reichen Menschenseele, die durch Geburt und Geschick, durch den Hunger und den Überfluß ihrer Natur, durch bewußte Absicht und unabänderliche Notwendigkeit einer Fülle von verschiedenartigen Personen, Kreisen, Schichten, Bewegungen und Bestrebungen begegnete und damit Zeit und Welt im wirkungsvollen Ausschnitt auffing, bleibt von besonderem Wert. Lily Braun blieb eine Fanatikerin jener Wahrheit, wie sie die Künstler des Realismus verstanden; das Zufällige und Beiläufige der Erscheinung war ihr ebenso bedeutsam wie das Wesenhafte und durfte nicht um der reineren Prägung willen vernachlässigt werden.«

Ihr nächstes literarisches Werk, eine Romanerzählung, »Die Liebesbriefe der Marquise«, enthält erstaunlich viel mehr an kulturhistorischer Substanz, als der Titel vermuten läßt. Die Darstellung eines dramatischen Frauenschicksals nimmt sie zum Anlaß, die Geschehnisse zu beschreiben, die 1789 zur Französischen Revolution führten. Straßburg, Versailles und Paris, die Ideen und Kämpfe jenes Zeitalters der bürgerlichen Erhebung, Rousseaus Philosophie und die Aktionen des Beaumarchais, das alles gehört zum Szenarium dieses Briefromans. Es hat im Jahr des Erscheinens, 1912, Anfragen an Verlag und Autorin gegeben, um über Ort und Anlaß der »Entdeckung« des »reichen Brieffundes« Näheres zu erfahren – so echt und historisch authentisch gelang es Lily Braun, Geist und Zeit wiederzugeben.

Der Befreiung der Liebe aus wirtschaftlichen, formaljuristischen und moralischen Zwängen hatte Lily Braun sich schon als Publizistin mehr und mehr zugewandt. Mit dem Drama »Madeleine Guimard«, das ebenfalls vor dem Hintergrund der bürgerlichen Revolution in Frankreich spielt, bemühte sie sich, die konsequente Entscheidung einer Tänzerin für ein von verlogenen Bindungen freies Dasein zu gestalten. Der Komponist Carl Prohaska schuf aus dem Stoff eine Oper. Ein Schicksal aus dem Italien der Renaissance, ein Mutter-Drama im Florenz der Mediceer und des Savonarola, »Mutter Maria«, kam als Theaterstück im Jahre 1913 in Bremen zur Uraufführung. Kurz vor ihrem Tode erschien ihr letztes Buch »Lebenssucher«, die Jugendgeschichte eines deutschen Adligen, ein Bildungsroman, in dem es um einen die Ideale des Zeitalters kritisch betrachtenden Menschen geht. Zionismus, Sozialismus, Kunstprobleme und Bildungsfragen gehören zur Thematik dieses Romans, in dessen Mittelpunkt ein schwächlicher Genießer steht, dem erst der beginnende Weltkrieg scheinbar eine »Aufgabe« stellt, das Sterben nämlich, den sinnlosen Soldatentod.

Unsere Betrachtung über Lily Braun, einer ungewöhnlichen und mutigen Frau, die in einer von Konventionen und gesellschaftlichen Vorurteilen erstarrten Welt das Wagnis unternahm, gegen privaten und öffentlich verordneten Zwang zu rebellieren, bliebe unvollständig, wenn wir ihre sich wandelnden Einstellungen zur Ehe, zur Liebe und Sexualität unerwähnt ließen. Wie sie gegen die Adelsehe innerlich und später auch äußerlich aufbegehrte, wurde bereits dargestellt. Aber im Laufe ihres kritischen Intentionen bewußt folgenden

Lebens stellte Lily Braun aus den eigenen Erfahrungen heraus auch die bürgerliche, von ihr selbst geschlossene Ehe immer mehr in Frage. Man darf in Kenntnis ihrer Biographie sagen, daß sie nach der völlig geistig geführten ersten Gemeinschaft mit Georg von Gizycki mit Heinrich Braun eine glückliche Ehe geführt hat.

Und dennoch gab es in den Jahren engster Gemeinsamkeit auch tiefgehende Krisen und Zeiten, da Lily Braun am Sinn ihrer Ehe zu zweifeln begann. Die Mutterschaft, die unbändige Liebe zu ihrem Sohn ließ sie trotzdem stets wieder zu ihrem Mann zurückfinden.

Als Publizistin schrieb Lily Braun – sie war damals vierzig Jahre alt – unter dem Titel »Das Problem der Ehe« 1905 in der »Neuen Gesellschaft«: »Nichts wird vor der Welt so sorgfältig versteckt als die Leidensabgründe der Ehe. Treulosigkeit und Ehebruch sind nicht immer das größte Unglück, sie können oft wie eine Befreiung wirken. Von den Opferungen, den moralischen und geistigen Selbstmorden unzähliger Frauen berichtet die Kriminalstatistik nichts, und die Ehescheidungsprozesse, die nach unserem rohen Recht aufgrund so ganz äußerlicher, brutaler Momente geführt werden müssen, berühren die tieferen psychologischen Probleme höchst selten. Wie viele Mädchen gingen an uns vorüber: klug, froh, stolz und frei, die Gewähr schönster Entfaltung bietend; wir sehen sie wieder als Frauen: Müde, resigniert, langweilig, unfroh – sie haben das eigene Leben dem toten Götzen Ehe geopfert und gebären nun Kinder und erziehen sie. Sie lernen recht wohl, daß der Frieden der Ehe – und Frieden ist innerhalb der Ehe Glück, auch wenn er mit wahrem Glück gar nichts zu tun hat – auf der Unterordnung des einen Teils unter den anderen, also der Tradition entsprechend, der Frau unter den Mann beruht, aber sie erkannten nicht, daß diese Unterordnung, wenn sie Glück für beide Teile mit sich bringen soll, eine völlig natürliche, selbstverständliche sein muß. Die Ehereformer haben sich ihre eigene, wunderschöne Theorie zurechtgelegt. Sie sagen: Gerade der Bund zwischen zwei gleichen, geistig und sittlich gereiften Menschen ist der glücklichste, schönste und dauerndste. Der Mann wird in der Frau nicht mehr nur die Geliebte, die Mutter seiner Kinder sehen, sondern eine Kameradin, eine Freundin, die seine Interessen teilt und fördert. Und doch beruhen die schönen Argumente auf einem Trugschluß: Der Instinkt der Sinne ist doch nicht identisch mit dem geistigen Verständnis. Nichts gibt die Gewähr dafür, daß zwei geistig reiche Individualitäten, die in heißer Liebe einander begehren, nun auch mit all den feinen Regungen ihres Seelen- und Geisteslebens zusammenstimmen – Regungen, die um so differenzierter sind, je höher entwickelt der einzelne ist. Ein normaler gesunder Mensch aber wird, wenn er liebt, seiner Vereinigung mit dem Geliebten kein philosophisches, politisches und ethisches Examen vorausgehen lassen. Wer vermag zu sagen, ob nicht trotz geistiger Übereinstimmung die Liebe erkaltet oder sich auf einen anderen richtet? Denn auch die Liebesgefühle und das Liebesbegehren sind vielgestaltiger, differenzierter, feiner geworden und nicht mehr so leicht und so unbedingt zu befriedigen. Können wir uns verhehlen, daß bei den gesteigerten Reibungsmöglichkeiten in der modernen Ehe ihre Dauer mehr und mehr zur Ausnahme gehören wird? Selbst in den seltenen Fällen, wo geistige Übereinstimmung und gegenseitige Liebe sich gleich bleiben. Denn alle Liebe und alle Übereinstimmung wird darüber nicht hinweghelfen können, daß selbständige Individualitäten das zwangsweise, von Gesetzes wegen, Tag und Nacht aneinander gekettet sein oft qualvoll empfinden können, daß die Sehnsucht zur Einsamkeit, zum Sich selbst leben zeitweise die Sehnsucht zueinander vollkommen auslöschen kann. Für den Mann war die Ehe von einst, an der Seite einer von den inneren und äußeren Kämpfen der Zeit unberührten, nur der Sorge für die Ihren lebenden Frau, der sichere Rettungsort. Heute findet er daheim neben der ihm geistig ebenbürtigen und berufstätigen Gattin dieselbe Nervosität, dasselbe geistig angespannte Leben wie draußen. Für die Frau ist seine Auffassung nicht mehr ihr Evangelium. Sie kennt das Leben aus eigener Anschauung, sie denkt selbständig, sie übersieht ihn vielfach, sie findet in ihm oft ebensowenig den Schöpfer ihres inneren Lebens, als er in ihr die Quelle der Ruhe und des Behagens findet. Seitdem sie zur Persönlichkeit wurde, vermag sie nicht mehr restlos aufzugehen in ihm ... Mit der wirtschaftlichen Selbständigkeit der Frau aber stürzt der Grundpfeiler der Ehe, die in erster Linie eine wirtschaftliche Vereinigung zum Zweck der

Zeugung legitimer Erben des väterlichen Besitzes gewesen ist.

Die Formen des Zusammenlebens der Geschlechter sind den Entwicklungsgesetzen unterworfen wie alle anderen Formen gesellschaftlichen Lebens. Es heißt, sich einer groben Täuschung hingeben, wenn wir den Auflösungsprozeß, in dem die Ehe sich befindet, ableugnen.«

Diesem Artikel, der das damals allgemein noch vertuschte oder geleugnete Ehe-Problem in der bürgerlichen Gesellschaft so klarsichtig formulierte, gingen innere Auseinandersetzungen voraus, die sich in Gedankennotizen, Tagebuchblättern und Aussprachen mit ihrem Ehemann niederschlugen. Lily schrieb: »Schon in der kurzen Zeit meiner Ehe war mir klar geworden, was ich vorher nicht verstanden und darum nur verurteilt hatte: warum Staat und Kirche nicht die Liebe, sondern die Pflicht zur Grundlage der Ehe gemacht haben, warum nach ihnen die Zeugung, Erhaltung und Erziehung der Nachkommenschaft ihre Hauptaufgabe ist. Die Ehe kam mir vor wie eine moralische alte Jungfer, die der unbändigen Liebesleidenschaft durch ihre Predigten das Leben ständig vergällt. Die Liebe braucht Festtagsstimmung, die Ehe braucht den Alltag. Vor jedem rauhen Luftzug, den die Ehe erzeugt, läßt die zarte Blume der Liebe die Blätter hängen. Die Liebe ist ein Rausch, die Ehe ist nüchtern. Lodern auf dem Altar der Liebe die Flammen, so schämen sich die Opfernden wie arme Sünder, wenn die Ehe sie plötzlich ertappt. Eins aber vor allem wurde mir täglich gewisser: die Liebe fordert Freiheit, die Ehe Abhängigkeit. Eines aber muß sich dem anderen unterordnen, wenn der Frieden des Hauses gewahrt sein soll, wo aber in der Liebe Unterordnung anfängt, flieht sie selbst ...«

Die fortschreitende Zeit ließ Lily Braun zu noch weitergehenden Erkenntnissen gelangen. Nicht nur im seelischen, psychologisch zu deutenden Raum partnerschaftlicher Erfahrungen, sondern auch im erotisch-sexuellen Bereich wurden radikale Ansichten von ihr vertreten. Ihre Freundin und Biographin Vogelstein schrieb darüber: »Weil manches Mädchen, das sich frei dem Geliebten verbindet, reiner und größer handelt als viele auf äußere Vorteile bedachten Ehefrauen, galt ihr die außereheliche Beziehung zwischen Mann und

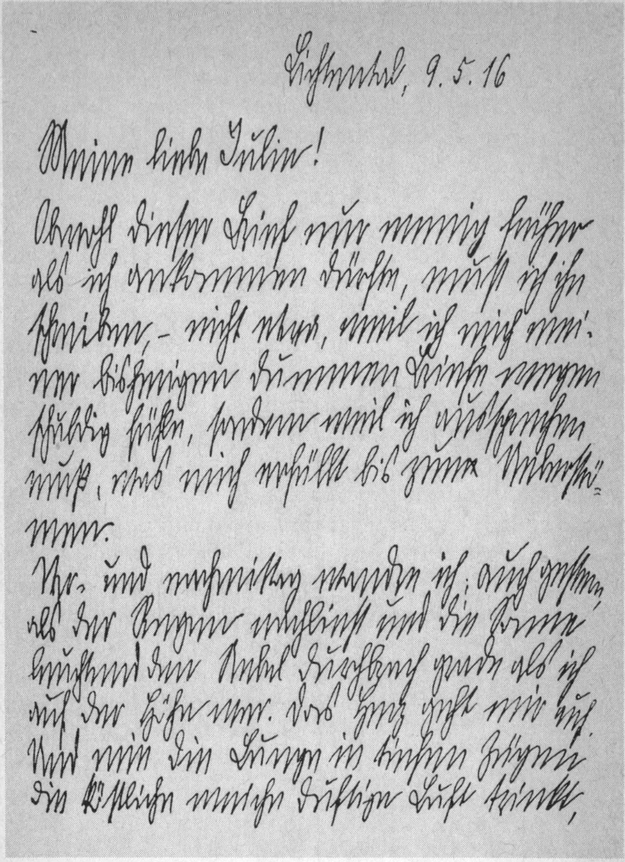
9.5.16

Meine liebe Julie!

Obwohl dieser Brief nur wenig früher als ich ankommen dürfte, muß ich ihn schreiben, – nicht etwa, weil ich mich meiner bisherigen dummen Briefe wegen schuldig fühle, sondern weil ich aussprechen muß, was mich erfüllt bis zum Überströmen.

Einer der letzten Briefe Lily Brauns aus ihrem Todesjahr 1916 (Briefanfang)

Frau als die an sich wertvollere und edlere. Von dieser Anschauung beherrscht, forschte sie in der Geschichte und fand, was sie entdecken wollte: die Überlegenheit der Hetäre. Aus dem Beispiel der Aspasia zog sie den eilfertigen Schluß, daß nur im freien Sinnenleben die großen anregenden Kräfte der Frauen entbunden würden. Die Welt sei arm an großen Menschen, seit sinnenfrohes Sichhingeben den Makel des Häßlichen trage ...«

Diese Interpretation von Lily Brauns Einstellung zur Sexualität und deren freier Ausübung im Rahmen einer Liebesbeziehung, die bei ihr ohne geistig-seelische Vertiefung überhaupt nicht denkbar scheint, wäre zutreffender und gültiger ausgefallen, wenn die Biographin Vogelstein sich an Lily Brauns bedeutungsvolle Jugendentscheidung erinnert hätte. Lilys Angebot an den von ihr geliebten Mann (den Prinzen aus einer regierenden Dynastie), dem die fürstlichen Konventionen eine Bindung an die Tochter des im Adelsrang niedriger stehenden preußischen Offiziers verbot, in einem »freien Verhältnis« zusammenzuleben, also »durchzubrennen«, wie man das einfacher nannte, beweist hinlänglich die menschliche Größe und Ehrlichkeit der damals dreiundzwanzigjährigen Lily von Kretschman. Lily Braun ist eine reife und erfahrene achtundvierzigjährige Frau, als diese Fragen sie noch immer bewegen, ja erschüttern. 1913 schreibt sie ihrem Mann die folgenden für sich sprechenden Offenbarungen: »Ich glaube, daß ich nicht für die Ehe geschaffen bin, wenigstens nicht für die gut-bürgerliche mit ihrem Gebot unbedingter körperlicher Treue. Daß ich diese Treue nie verletzte, war eine Vergewaltigung meiner Natur. Ich habe viel Glück verpaßt, viel Jugendkraft aufgegeben. Ich war ›treu‹ nicht aus moralischen, sondern mehr vielleicht aus ästhetischen Bedenken und aus Angst, Angst vor meines Sohnes hellem Blick, Angst vor Dir, der es nie verstehen würde, daß ich ihm gar nicht untreu sein kann, auch wenn ich die ›Treue‹ bräche. Ich habe, ohne daß Du es ahntest, im Laufe unserer Ehe oft starke sinnliche Leidenschaft empfunden, ohne daß der Gegenstand den Wunsch in mir erweckt hätte, mit ihm zu leben. Wahrscheinlich hätte ich Dich sogar lieber gehabt, wäre froher und frischer gewesen, wenn ich meinen sehr starken Instinkten gefolgt wäre ...«

Und in ihrer feinfühligen, sich in das Seelenleben ihres Gefährten hineinversetzenden Art kommt sie wenige Tage später auf ihre »Beichte« zurück: »Kein Denkmal auf einem Grabe war mein Brief, wohl aber einer jener großen marmornen Meilensteine auf dem Lebensweg, wie die Römer sie aufzurichten pflegten, während wir uns zaghaft und kleinlich mit winzigen gipsgegossenen Merkmalen für unsere Lebensabschnitte begnügen ... Ich habe niemanden anders so lieb wie Dich. Versteh mich recht: ich könnte für einen Schurken eine stürmische Leidenschaft fassen, aber ihn nicht lieben, wie ich Dich liebe. Das ist mehr als kühle Freundschaft, das ist für meine Natur das einzig Dauernde.«

Am Ende ihres Lebens erfüllt sich jene Prophezeiung, die einer der Führer der sozialistischen Weltbewegung schon dreißig Jahre zuvor ausgesprochen hatte. Friedrich Engels, der Weggefährte und engste Mitarbeiter von Karl Marx, selbst ein Sohn der von ihm bekämpften »Bourgeoisie«, dem die junge feurige Rebellin gegen Preußen in Berlin noch persönlich vorgestellt wurde, hatte bereits 1887 die Auflösungsphase der alten Gesellschaft mittels unvorstellbarer Kriegsgreuel vorhergesehen: »Es ist kein anderer Krieg für Preußen-Deutschland mehr möglich als ein Weltkrieg, und zwar ein Weltkrieg von einer bisher nie geahnten Ausdehnung und Heftigkeit. Acht bis zehn Millionen Soldaten werden sich untereinander abwürgen und dabei ganz Europa so kahlfressen wie noch nie ein Heuschreckenschwarm. Die Verwüstungen des Dreißigjährigen Krieges zusammengedrängt in drei bis vier Jahre und über den ganzen Kontinent verbreitet. Hungersnot, Seuchen, allgemeine, durch akute Not hervorgerufene Verwilderung der Heere wie der Volksmassen, rettungslose Verwirrung unseres künstlichen Getriebes in Handel, Industrie und Kredit, endend im allgemeinen Bankrott ...«

Am Morgen des 6. August 1916, auf dem Weg zum Postamt, wo sie nach einem dringlich erwarteten Brief ihres als Soldat an der Front kämpfenden Sohnes fragen wollte, brach Lily Braun auf der Straße zusammen. Zwei Tage später starb sie an den Folgen eines Schlaganfalles; am Abend dieses Tages stand der Sohn, der gerade einen Soldatenurlaub angetreten hatte, mit dem Vater an der Bahre der Verstorbenen. Zehn Jahre zuvor hatte Lily Braun in einem Essay »Die Frauen und die Politik« warnend und im Namen der Mütter mahnend geschrieben: »Sehr fern liegen dem Volk die Weltmachtgelüste der Regierenden, und eine rechte Mutter, die den Sohn lehrte, tapfer zu sein und furchtlos, Ehre und Freiheit höher zu stellen, als das Leben, die muß sich empören, wenn man ihn zwingen will, für Besitzgier oder romantische Träume anderer sein Blut zu vergießen ...«

Die ihr nahestehende Freundin Julie Vogelstein fand bei der Herausgabe von Lily Brauns Gesamtwerk vor sechs Jahrzehnten Worte, denen man auch heute zustimmen kann, wenn man ihr Leben und Wirken kennenlernte: »Sie war Aristokrat und Jakobiner. Daß sie sich oft in seltsame Widersprüche verwickelte, beeinträchtigt weder die Echtheit ihrer Empfindungen, noch die Fruchtbarkeit ihres Wirkens. Verschwenderisch gab sie sich aus, und was sie verschenkte, kam vielen Bedürftigen zugute. Aber die große, schwierigste Leistung ihres Lebens ist sie selber ... Ohne ihre eigene harte Arbeit hätten die Begierden sich nicht einem Edleren unterworfen. Ihr Werk ist es, daß ihre Lebenslust zur Sehnsucht wurde, daß ihre Leidenschaft sich für Großes einsetzte. Zur Höhe und Tiefe ihres Ich ist Lily Braun gelangt. Selten nur hat ein Mensch das Maß seiner Möglichkeit erfüllt wie sie. Mit grenzenlosem Wollen, mit unendlichem Streben, mit hingebender Liebe diente sie dem irdischen Leben ...«

## Anmerkung

Briefe, Tagebuchaufzeichnungen, ihre Publizistik und die zwei Bände der »Memoiren einer Sozialistin« von Lily Braun, zeitgenössische Werke zur Geschichte des Wilhelminischen Kaiserreichs und der Geschichte der Arbeiterbewegung dienten dem Autor als Quellen. Da, wo Lily Braun es 1908 für notwendig hielt, mit Rücksicht auf lebende Zeitgenossen den Akteuren ihrer Memoiren zur »Verfremdung« andere Namen zu geben (am häufigsten geschah dies bei Erwähnung von Clara Zetkin), hielt sich der Autor für berechtigt, diese Namen authentisch wiederzugeben.

Der geheime Briefwechsel zwischen General Graf von Waldersee und Kaiser Wilhelm II. ist dem Band »Denkwürdigkeiten« des Generals von Waldersee, Berlin o. J., entnommen. Die Briefzitate von Theodor Fontane entstammen dem Band »Erlebte Geschichte«, Berlin 1967.

# Zeittafel

1862 Otto von Bismarck wird Ministerpräsident des Königreichs Preußen.

1866 Der preußisch-österreichische Krieg begründet die Vorherrschaft Preußens gegenüber allen deutschen Staaten.

1870–1871 Deutsch-französischer Krieg.

18. Januar 1871: König Wilhelm I. von Preußen wird in Versailles zum deutschen Kaiser proklamiert.

1872 Wilhelm Liebknecht und August Bebel, die Führer der deutschen Sozialdemokratie, werden im Hochverratsprozeß in Leipzig zu zweijähriger Festungshaft verurteilt.

1878 Bismarck, deutscher Reichskanzler und preußischer Ministerpräsident, setzt die Ausnahmegesetze gegen die Sozialdemokratie durch.

1888 »Dreikaiserjahr«: Tod Kaiser Wilhelm I. am 9. März. Kaiser Friedrich III. stirbt am 15. Juni. Wilhelm II. wird König von Preußen und deutscher Kaiser.

1889 Mai: Streik von 90000 Ruhrbergarbeitern, denen sich die Bergarbeiter an der Saar, in Sachsen und Niederschlesien anschließen.

1890 Februar: Bei den Reichstagswahlen stimmen 1427298 Wähler für die Sozialdemokratie.
März: Bismarck wird von Wilhelm II. entlassen, General von Caprivi wird Reichskanzler und preußischer Ministerpräsident.

1891 Oktober: Erfurter Parteitag der SPD, Annahme des neuen Parteiprogramms.

1893 Februar: Gründung des Rheinisch-Westfälischen Kohlesyndikats, das 86,7 Prozent der Steinkohleförderung an der Ruhr kontrolliert.

noch 1893 Die bürgerliche Frauenrechtlerin Helene Lange gründet die Zeitschrift »Die Frau« und fordert Verbesserung der Mädchenbildung.

1894 Oktober: Chlodwig, Fürst zu Hohenlohe, wird Reichskanzler und preußischer Ministerpräsident.
Gründung des bürgerlichen »Bundes deutscher Frauenvereine«.

1895 Letzter Band des »Kapital« von Karl Marx erscheint, herausgegeben von Friedrich Engels.
August: Friedrich Engels stirbt.

1896 Februar: Streik von 50000 Konfektionsarbeitern (vorwiegend Frauen) in Berlin.
Mai: Prozeß gegen den sozialdemokratischen Parteivorstand, Urteil: »dauernde Schließung« (Verbot).
Oktober: Artikelserie von Eduard Bernstein »Probleme des Sozialismus« (Revisionismus-Standpunkt).

1897 Januar: General von Waldersee fordert Staatsstreich gegen die Sozialdemokratie.
November: Annexion des chinesischen Kiautschau durch die deutsche Kriegsflotte.

1899 Januar: Verein für Frauen und Mädchen der Arbeiterklasse gegründet.
Oktober: SPD-Parteitag in Hannover verurteilt nach Referat von August Bebel den Revisionismus.

1900 Juli: Einschiffung deutscher Truppen zur Intervention in China (»Boxeraufstand«), Wilhelm II. hält die »Hunnenrede«.
September: Internationaler Sozialistenkongreß in Paris.
Oktober: Rücktritt Hohenlohes, Bernhard von Bülow wird Reichskanzler und preußischer Ministerpräsident.

1903 Mai: Gründung des Zentralverbandes der Konsumvereine.
Juni: Bei Reichstagswahlen gewinnt die SPD 81 Mandate.
August: Beginn des Crimmitschauer Textilarbeiterstreiks.

1905 Januar: Beginn des Streiks von 217000 Ruhrbergarbeitern. Petersburger Blutsonntag, Auftakt der russischen Revolution.
September: SPD-Parteitag in Jena stimmt dem politischen Streik als Kampfmittel zu.

1907 Januar: Bei den Reichstagswahlen gewinnen die Sozialdemokraten eine Viertelmillion Stimmen, verlieren aber durch das Mehrheitswahlrecht 38 Mandate.
August: Internationale sozialistische Frauenkonferenz in Stuttgart.

1909 Juli: Von Bülow wird entlassen, Bethmann Hollweg wird Reichskanzler und preußischer Ministerpräsident.
September: Internationaler Sozialistenkongreß diskutiert Kriegsgefahr.

1911 Marokkokrise: Deutschland entsendet Kanonenboot »Panther«.
Juli bis September: Antikriegskundgebungen der Sozialdemokratie in ganz Deutschland.
September: Parteitag der SPD (Debatte über Kriegsgefahr).

1912 Januar: Reichstagswahlen. SPD erringt 110 Mandate und wird stärkste Fraktion im Reichstag.
Oktober: Erster Balkankrieg beginnt. Großkundgebungen der Sozialdemokraten für Frieden.

November: Internationale Kundgebung in Berlin mit französischem Sozialistenführer Jean Jaurès. In Basel außerordentlicher Internationaler Kongreß der Sozialisten gegen den drohenden Krieg.

1913 Juni: Zweiter Balkankrieg (bis August).

August: Tod von August Bebel.

1914 August: Beginn des Ersten Weltkrieges.

1918 Militärische Niederlage des Wilhelminischen Kaiserreiches.

Novemberrevolution.

Wilhelm II. und sämtliche deutschen Fürsten entsagen dem Thron.

Deutschland wird Republik.

# DIE FRAU IN DER GESELLSCHAFT
# TEXTE UND LEBENSGESCHICHTEN
## Herausgegeben von Gisela Brinker-Gabler

Ruth Ellen Boetcher Joeres
**Die Anfänge der deutschen Frauenbewegung:**
**Louise Otto-Peters**
Band 3729

**Eine stumme Generation berichtet**
Frauen der 30er und 40er Jahre
Herausgegeben von Gisela Dischner. Bd. 3727

**Germaine Goetzinger**
**Für die Selbstverwirklichung der Frau: Louise Aston**
Band 3743

**Fanny Lewald**
**Meine Lebensgeschichte**
Herausgegeben von Gisela Brinker-Gabler. Bd. 2047

**Toni Sender**
**Autobiographie einer deutschen Rebellin**
Herausgegeben von Gisela Brinker-Gabler. Bd. 2044

**Diana Orendi-Hinze**
**Rahel Sanzara**
Eine Biographie. Band 2258

**Mathilde Franziska Anneke**
**in Selbstzeugnissen und Dokumenten**
Herausgegeben von Maria Wagner. Bd. 2051

Kämpferin für den Frieden
**Bertha von Suttner**
Lebenserinnerungen, Reden und Schriften
Eine Auswahl, herausgegeben und eingeleitet
von Gisela Brinker-Gabler. Bd. 2053

**Gerda Szepansky**
**Frauen leisten Widerstand: 1933–1945**
Band 3741

FISCHER TASCHENBUCH VERLAG

fi 16/2 a

# Dieter Borkowski

Dieter Borkowski, Jahrgang 1928, lebte bis 1972 in der DDR. Seit seinem Austausch gegen DDR-Spione lebt er als freier Publizist und Dozent in der Bundesrepublik.

»... Der ehemalige FDJ-Kämpfer und SED-Journalist, spätere Oppositionelle und zweimal Inhaftierte ist durchaus in die Reihe der großen SED-Insider Wolfgang Leonhard, Fritz Schenk, Heinz Brand, Herbert Prauß einzuordnen.«

*Jean-Paul Picaper*
*Bonner Korrespondent von Le Figaro*

**Für jeden kommt der Tag**
Stationen einer Jugend in der DDR
454 Seiten. 8 Seiten Abb. Pp.
*auch als Fischer Taschenbuch Band 3496*

**Wer weiß, ob wir uns wiedersehen**
Erinnerungen an eine Berliner Jugend
224 Seiten. Broschur
*auch als Fischer Taschenbuch Band 3479*

**In der Heimat, da gibt's ein Wiedersehn**
Erinnerungen aus der DDR 1962–1972
*auch als Fischer Taschenbuch Band 4307*

**S. Fischer · Fischer Taschenbuch Verlag**

fi 183/1